이본
그 여자의 뷰티

이본*
그 여자의 뷰티

시간에 / 지고 싶지 않은 / 너에게

이본 • 곽민지 지음

브레인스토어

"잎사귀가 질 즈음엔 너무 늦잖아요."

LEE BON

_B_ 잊을래야 잊을 수 없는 뚜렷한 기억 중 하나, 일명 길거리 캐스팅. 1993년 지하철 안에서였다. "광고 모델을 한 번 해보지 않겠느냐"라는 제의를 받고 찍은 커피 광고를 시작으로, 이후 SBS 3기 공채 연기자로 발을 디뎠다. 많은 사람들이 알고 있는 나는, 연기자임에도 불구하고 당시에는 보기 힘들었던 컬러렌즈와 대충 무심한 듯 틀어 올린 번 헤어 등을 찾아 했던 트렌드 세터_Trend-setter_였다. 튀는 스타일링과 과감한 말투를 지녔으며, 호불호가 정확한 탓에 다른 연기자들에 비해 오해도 많이 받았다. 지금이야 여러 분야를 건드려도 재주가 참 많은 친구로 봐 주지만 그때만 해도 연기자가 다른 분야를 건드리는 건 침범에 가까웠으며 반가운 이야깃거리도 아니었다. '연기자가 웬 가요프로그램 MC? 연기나 하지…' 'DJ? 네가 무슨 DJ를 해? 뮤지션이나 음악 칼럼니스트, 아나운서도 아니면서…' 이렇듯 만능 엔터테이너가 환영받기보다는 한 우물을 파는 연예인을 더 선호했던 시대였다. 나는 연기도 하고 싶고, MC도 DJ도 너무 끌리는데… 나에게 되돌아오는 답은 한결같았다.

"너라는 애 참 정신 사납다" "연기나 하면 참 좋을 텐데" 등.

다들 아니라고 해도 "아닌가 보다, 하지 말아야지" 할 나도 아니었기에 굴하지 않고 연기를 하면서 자유분방한 모습으로 MC도 보고, 진득하지 않을 것 같다는 소리를 들으면서도 10년 가까이 DJ

로 활동했다.

그때를 떠올리면 웃음이 번짐과 동시에 주마등처럼 떠오르는 말들이 있다.

"술도 잘 마시고 그렇게 잘 논다며?" "혼자 나와 산다며? 개판이라던데…" "건방이 하늘을 찌른다던데, 그럴 것처럼 생겼잖아?" 이런 말들을 접할 때마다 일일이 붙잡고 인터뷰할 수도 없고, 설명할 방법도 없고. 그냥 "난 아닌데, 왜들 그러지? 나를 잘 아나? 시간이 지나면 나아지겠지. 시간이 약이라니까."를 되뇌며 지냈다.

몇 년이 지나 무작정 음악 듣는 것이 좋아 시작하게 된 DJ 활동! 생방송이라는 긴장감과 설렘 등을 마음껏 경험하고 나니, "술고래래"에서 "보기와는 다른가 봐, 매일 방송을 하는 거 보면" "엄청 여리던데" "완전 솔직해" "효녀래" 등으로 나에 대한 이야기가 바뀌어 가고 있었다.

화면에 비치는 모습에서 생겨난 나의 대한 선입견! 되돌아보면 그런 선입견을 바꾸는 데에 분명 DJ라는 분야는 보탬이 되었지만 그렇다고 큰 선물만을 안겨 준 건 아니다. 드라마 촬영을 하다보면 스케줄대로 움직여도 예상치 못한 일들로 생겨 지연이 될 때도 많았고, 내 씬이 끝나지도 않았는데 라디오 생방 시간이 다가오면 "죄송합니다"라는 말을 달며 자리를 떠야 했다. 내 의도대로 안 돼서 느끼는 답답함과 민폐 겸 밉상이 되어 가는 속상함이 반복됐다. 그런 존재가 되어가는 나 자신이 좋았을 리 있겠는가? 나름 미운털이 되고 싶지 않아 어느샌가 서서히 연기에선 자꾸 뒷걸음질 치게 되었고 라디오 부스 안 만을 사랑하게 되었던 것 같다.

아주 가끔은 연기에서 뒷걸음질 친 나를 스스로 참 미워하기도 했지만, 다 잊자는 생각보다 그 무엇이든, 매 순간 게을리 하지 말자고 생각을 조이고 나 자신을 사랑하며 버텼다. 경험으로 비추어 볼 때 선입견과 편견을 바꾸는 것은 꽤나 오랜 시간이 걸리는 듯하다. 지금 생각해보면 행복하기만 한 일들인데, 그때는 왜 그렇게 고민이 되고 상처가 되었던 걸까? 젠장.

그렇게 1993년 데뷔 후 2007년까지 일에 파묻혀 사느라고 정신이 없었다. 그러다 쉼에 너무나 목이 말랐고, 시간에 구애 받지 않는 긴 여행도 해보고 싶었다. 모든 걸 마무리하고 무작정 배낭을 꾸려 떠났다. 마음의 짐 하나 없이 온전히 나를 위한 시간을 보내고 돌아온 내게 "이제 쉴 만큼 쉬었지? 이제 너 맛 좀 봐라"라는 식으로 안 좋은 소식들이 하나둘 들려오기 시작했다. 어린 나이를 벗어난 후라면 누구나 한 번 정도는 경험해본 적이 있을 것이다. 불행이 찾아올 땐 어깨동무를 하고 온다는 것을.

힘겨운 날들을 보내느라 너무 멀리 떠나서였을까? 다시 내 자리로 돌아오기까지 생각보다 시간이 꽤 걸렸다. 그렇게 데뷔 23년 차로 연기자이자 MC, DJ도 여전히 사랑하는 한 여자로 내 자리를 찾아왔다.

그동안 나는 늘 살던 대로 살았다. 먹던 걸 먹고, 움직이던 대로 움직이고, 지키는 것인지도 몰랐던 것들을 지키면서. 쳇바퀴 돌듯 자연스럽게 계속해온 일상인데 갑자기 누군가 이미 나이 40에 접어든 내게 "관리 비결"을 물어오기 시작했다. 그렇게 하나둘 물어오던 인터뷰는 방송으로 이어졌고, 급기야 그 수다를 이 책에 글로 담기 시작했다. 어쩌다 시작된 작업이지만 일단 한 번 시작하면 어설프게는 안 하는 성격대로 작업을 시작했다.

어떻게 하면 즐겁게, 오래, 예쁘게 나를 사랑하면서 한 살 두 살 더해갈 수 있는지, 그리고 실제로 내가 어떻게 해 왔는지에 대해 이야기할 생각이다. 단언컨대 실제로 한 방법이 아닌 이야기는 단 한 줄도 싣지 않았다. 연예인에게 가진 기대치? 환상? 신기한 방법? 그런 건 단 한 가지도 없으며 누구나 따라 할 수 있는 방법뿐이다.

지금부터 내가 할 이야기는, 보통 여자가 조금 더 행복하고 예쁜 여자가 되는, 나를 더 사랑하고 나 자신과 사랑에 빠지게 되는 이야기들이다. 나 자신에게 집중하고, 나를 일순위로 여기자.

다른 이 말고 나를, 나를 사랑하자. 사랑할 수 있을 때. 맘껏!

WRITER

_W_ 나는 30대 초반의 대한민국 보통 여자다. 조금 더 자세하게 설명하자면, 태평한 성격 덕에 내가 뚱뚱하다는 자괴감에 빠져 살지는 않았지만 솔직히 평생 특출하게 날씬했던 적도 없다. 학창시절에 한 유일한 운동은 종 치자마자 매점으로 달려가는 일이었고 체육시간에는 항상 피곤했던 평범한 여자.

커서도 크게 다르지 않아서, 인생의 낙은 먹는 것이다. 1인 1닭은 껌이고, 닉네임으로 '곽민지 호프만'이 있을 정도로 맥주를 사랑하는 방송작가다. 방송 일을 하면서 세상 예쁜 여자들은 다 만나지만 '저들은 우리와 인종이 다른 것이다. 우리 같은 일반인은 저러고 못 살아.' 하면서 자극은커녕 촬영장 간식 다 집어먹고, 12시에 끝나도 친구들과 술 마시러 가야 하고, 닭발에 소맥으로 시작한 술자리는 기어이 포장마차 라면으로 끝내는 폭식왕이지만 만사 피곤하고 운동은 싫다. 어설픈 각오로 헬스장이고 요가원이고 끊어본 적은 있지만 끊음과 동시에 두 번쯤 가고 나면 운동을 또 '끊고야' 마는, 운동고자 게으름 끝판왕, 동시에 "별로 먹지도 않는데 왜 나만 살찌냐"라고 친구들과 한탄하는 그런 '보통' 여자. 혹자는 저게 무슨 보통이야 싶겠지만 내 친구들 기준으로는 보통이다. 인생은 피곤하니 운동할 기력과 시간은 없고, 우리의 유일한 위안은 달고 짜고 매운 음식들과 술뿐이라는 먹방 유나이티드 기준.

그러던 중 일 때문에 이본을 만났고, 처음엔 일 때문에 이본이란 여배우가 지금껏 완벽한 몸매를 유지하게 된 노하우를 캐기 시작했다. 효과적인 인터뷰를 위해 이본과는 완벽히 대비되는 생활을 하는 모르모트급 일반인의 입장에서 나의 게으른 생활을 탈탈 털고 있던 와중에 역으로 탈탈 털렸다. '내가 날씬하지 않은 건 알지만 뚱뚱하지도 않잖아. 내 몸이 어때서? 나는 충분히 아름다운데? 나 외국 나가면 표준이야!' 같은 정신승리를 하는 밑바닥에 있었던 무의식 속의 욕망, '그래도 한 번은 내 몸을 마음대로 컨트롤하면서 건강하고 예쁘게 살아보고 싶다'는 생각과 '작가님, 지금 그대로 먹으면 앞으론 살찌는 미래만 남아있습니다.'라는 이본의 말(그녀는 정말 이렇게 말했다.)에 사형선고를 받은 듯한 기분을 느끼며 입 벌린 채 미팅을 끝내고 돌아왔다. 그리고 집 지하 2층에 차를 대고, 홀린 듯이 처음으로 계단으로 17층까지 걸었다.

그렇게 그 후로도 이본 언니의 팁들을 꼬치꼬치 캐묻고 탈탈 턴 후 6개월이 지나니 13kg가 빠져 인생 최저 몸무게를 찍었다. '곽민지가 하다니 나도 하겠네' 하는 많은 친구들을 이 행렬에 동참시키고 나서, 이 이야기를 널리 널리 소문 내기로 결정했다. 세상 만만한 여자가 만만찮은 이본 언니를 만나 삶이 조금 더 가볍고 즐거워진, 지금부터 내가 하려는 건 그런 이야기다.

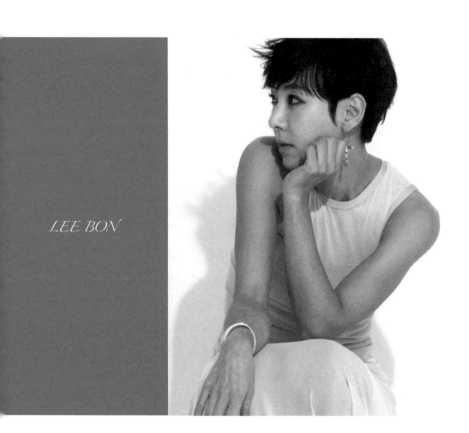

LEE BON

WRITER

CONTENTS

Part 1

그
녀

Her, 2013

" 적당한 거리를 유지하면서 성장하는 것
서로를 겁주지 않으면서 변화하고,
삶을 공유하는 것 "

＊ 당신은⋯ 어떤 특별한 점을 갖고 있나요?

이본에겐 무언가
특별한 게 있을 것 같아

W "딱 멋있는 언니 있잖아. 그냥 어려서 예쁜 애들보다 몸매
관리 훨씬 잘하고, 근데 그게 자기 노하우여서 사람들이 궁
금해할만한 그런 사람."

W 새로 들어가는 프로젝트에서, 그런 느낌의 여자 연예인과 인터
뷰를 해 보면 어떻겠냐고 했다. 대상은 어차피 연예인일 텐데, 연예
인이야 입금되면 다 급하게 자기관리 들어가겠지. 쉴 때는 또 팍 쉬
고. 일반인이 공감할 얘기를 갖고 있는 사람이 뭐 얼마나 있겠어?
　　그리고 방바닥에 드러누워서 고민하던 즈음, 그녀가 TV에 나왔
다. 까무잡잡한 피부가 콤플렉스였던 내 어린 시절에 잔다르크처럼
등장해 까만 피부는 예쁜 거라는 걸 처음 알려준 여자. 이본. 원래
잘 나갔고, 몸매 탄탄한 건 알았지만, 7년 동안 활동을 안 했다는 사
람이 너무 똑같은 상태로 나왔다. 나이는 어디로 먹고? 일도 안 했
는데 어떻게 저렇게 유지했대? 누운 채로 엄지로 검색을 했다. 운
동 열심히 한다더니, 트레이너 자격증도 있단다.
　　이본! 그래. 무턱대고 마르기만 한 언니들 말고 뭔가 치밀하게
관리할 것 같고 철학도 확실할 것 같다. 활동하면서 야금야금 관리
실 다니면서 유지하는 사람들은 많아도, 자기 루틴 가지고 이렇게
사는 사람들은 진짜 드물지. 인터뷰를 해서 탈탈 털어보는 거야. 어

떻게 관리하는지 알아봐서, 이야기를 내보내면 뭐라도 될 것 같다.
어린 시절부터 내가 봐왔던 똑 부러진 성격처럼, 분명히 그녀는 우
리가 모르는 자기만의 뭔가를 갖고 있을 거야.
어렵게 약속을 잡고 만나서 하나하나 물었다.

W "운동은 어떤 걸 하세요?" "특별히 드시는 건 없어요?"
　"관리실은 어디 다녀요?" "약 드시는 거 있어요?"
　"동안 소리 많이 듣죠? " "비결이 뭔 것 같아요?"

W 그녀의 대답하는 태도는 성의 있었으나, 콘텐츠가 없어도 너무
없었다.

B "운동 간단한 것 밖에 안 하는데."
　"평생 똑같이 먹죠. 남들 먹는 거 똑같이."
　"약이요? 무슨 약?"

W 아, 이런 식이면 곤란한데… 좀 더 파봐야겠다. 이본에겐 분명
히 뭔가 특별한 게 있을 거야.

나 특별한 거 없는데,
살던 대로 살았는데…

B　어느 날 한 여자가 날 찾아왔다. 나는 지금껏 내 페이스대로 달라진 거 없이 살아왔을 뿐인데, 어떻게 그대로 유지할 수 있는지 인터뷰를 하고 싶다는 것이었다. 일을 하며 인터뷰를 하고 나를 알리는 건 당연한 일이라고 생각하기에 흔쾌히 응했다.

　　다들 만나면 같은 말들을 물어본다. "어떻게 이럴 수 있지?" "이 여자만 시간이 비껴갈 일은 당연히 없을 테고. 아무리 100세 시대를 외치고 건강한 삶을 위해 몸에 대한 관심이 많아졌다지만, 이렇게 유지가 가능해? "어떤 운동을 하고, 어떤 식습관을 지키고 어떤 관리를 받는 거지?" 여기에 곽 작가는 한 질문 더 한다.

W　"무언가 특별한 것이 있을 것 같아요."

B　개뿔~. 그동안 나는 늘 살던 대로 살았을 뿐인데…. 습관처럼 해오던 걸 삽시간에 떠올려 봤다. 내가 어떤 관리를 받고 있지? 내 몸을 위해 내가 뭘 애쓰고 있지? 있다면 내가 이렇게 오랫동안 해온 이유가 무엇이며 이걸 유지하려고 애쓴 이유는 뭐지? 떠올리느라 답이 좀 늦었을 뿐인데, 곽 작가가 그 새를 못 참고 묻는다.

W　"좀 알려줘요~"

이런 걸 알려 달라고?

B 내가 하는 것은 누구나 다 아는 것들이고 특별하지도 않은데. 키도 크고 몸매도 그럴듯하고 어여쁜, 심지어 직업이 작가라는 여자가 모를 리 없고. 알려줄 만한 것들인가 이게?

내겐 언젠가부터 익숙하면서도 당황스러운 상황이다. 나는 그대로인데 다른 의미의 아이콘이 되었단다. 자기관리, 동안, 방부제 외모 등. 참 시작부터 왜 이래? 꼴불견이야. 할지 몰라도 사실이다.

살짝 어이없고 웃음만 나오는 이야기를 잠깐 해보면, 은둔 생활을 할 때였다. 편의점에 들렀다. 점원들은 처음에는 대충 보다 한번 눈이 마주치면 고개를 일단 갸우뚱거린다. 사교성이 좋은 분들은 어김없이 물어본다. "젊었을 때 이본 많이 닮았어요." "혹시 제가 아는 그 분 아니죠?"

공항 면세점에 들러 이것저것 눈 호강을 맘껏 할 때쯤 들려오는 소리! "이본 아냐?" "설마 이본이 지금 나이가 몇인데" 하시고, 어떤 분들은 "맞아!" "아냐!"를 주고받다가 직접 와서 물어보신다. 맞는지 안 맞는지 내기까지 하셨단다.

그 정도면 양반이다. 데뷔 후 너무 바빠 대학을 마치지 못했던 나는 늦깎이 대학생으로 한참 어린 친구들과 학교를 다녔다. 어느 날 그들과 걷던 내게 타로 부스를 운영하시는 아저씨 한 분이 다가오셨다. 대뜸 내게 "타로 점을 보지 않겠느냐" 물으시길래 시간이 없다고 말씀드렸는데, 그분이 내게 연예인을 해 보라는 거다. 오 마이 갓! 내가 물었다. "저 몇 살로 보이는데요?" 했더니 "대학생 아냐? 안 늦었어~" 하시는 거다. 그때 내 나이가 38살! 그분 진짜 타로 점 보시는 분 맞는 걸까?

어찌 됐건, 내가 93년에 데뷔한 바로 그 이본이라고 밝히고 나면 다음 질문은 주로 이렇다. "어떻게 그때랑 똑같아요?" "드라마 〈느낌〉 때(1994년)랑 똑같아요!" 그 다음으로 이어지는 더 식상한 질문은 이렇다. "뭐 먹길래 이래요?" "방부제 먹었어요?"

익숙한 새삼스러움, "어떻게 그렇게 동안이에요?"라는 질문을 사이에 두고 마주 앉았다. 한숨부터 쉬고, 이야기를 시작했다.

🐝 곽 작 가

_W_ 이제야 말하지만,
이본 언니 첫인상은 무서웠다.

_B_ "비법? 비법이랄 게 뭐가 있어?"
"연예인이라고 다를 게 뭐가 있어?"

와. 눈에서 레이저 나오는 거 같다. 진짜 무서워.
하지만 나는 뭐라도 캐야 하고,
자꾸 이 언니는 뭐가 없다고 하고.
연예인들은 원래 뭐가 없는 척한다.
급 다이어트 하려고 안 먹고 독하게 버티기도 하고,
개인 트레이너가 짜주는 대로
수백만 원짜리 PT를 받으면서도
'원래 살 안 찌는 체질이라서 그런 것 같아요.'
같은 말도 잘 하겠지. 크리스티나 아길레라처럼
'직업이 다이어터' 수준의 프로근성을 발휘해서
급하게 관리하는 경우도 많다.

근데 이 사람은 다르잖아.

활동도 안 하다가 나타나도 그대로였고,

빡세게 안무 연습하느라

활동량이 어마어마한 걸그룹도 아니잖아.

그런 사람이 '별거 없어' 한다고 해서

나까지 '예, 별거 없으시구나…'하고

퇴근할 수는 없는 노릇이었다.

그래서, 눈빛만 봐도 쪼그라드는

포스 있는 언니 앞에서

용기를 쥐어 짜내 어렵게 물었다.

그러면서 말해주지 않는다면 훔쳐봐서라도

아이템을 만들어내야겠다 싶어 관찰도 열심히 했다.

<u>B</u> "어휴, 세상에 그런 게 어디 있니 작가야."

하면서 얼굴 여기저기를 꾹꾹 누르고,

카페에서도 항상 허리를 세우고 앉아있고,

B '좀 있으면 6시잖아. 저녁 먹어야 된다.'

라면서 황급히 일어난다.
그런 걸 보면서 생각했다.
이 사람은 뭔가 자기 머리에서 나온 것들로
직접 다 해 봤을 것 같아.
돈 쏟아 부어서 관리하는 그런 거 말고
나 같은 일반인도 할 수 있는,
그런 것들을 하는 중인 것 같아.

처음에는 방송 때문에 만나
어색하게 대화를 시작했지만,
모르모트처럼 그녀의 조언을 스스로에게
신나게 실험하기 시작했다.
그러다 무서운 언니의 눈물도 보고,
무서운 언니의 사람들도 만나고,
무서운 언니와 여행도 했다.

그렇게 무서운 언니는
'무섭지만 멋있는 언니',
'무서운 줄 알았는데 재미있는 언니'에서
지금은 무섭기 보다는
'그냥 같이 있으면 즐거운' 언니가 됐고
그렇게 현재의 나는
'술 안 마시고 오래 마주 보고 있어도
안 어색한 몇 안 되는 언니'를 얻었다.
그 언니의 이야기와 함께하면서 찍은
내 인생 최저의 몸무게와,
몸이 더 가벼워진 습관은 덤이다.
벌써 2년, 시간 참 빠르다.

🐝 이 본

B 처음 곽 작가를 만나던 날이 생생하다.

170이 훌쩍 넘는 키에 긴 헤어스타일,

마스카라로 확실하게 정리한 큰 눈에 코트를 걸치고 있었다.

뭐라 할까? 지적인 듯한 느낌을 첫인상으로 남겨줬다.

늘 그렇듯 1일 인터뷰로 끝나고

또 언제 만나는 날이 있으려나?

만날 인연이면 또 만나겠지 하고 헤어졌다.

근데, 그런 여자를 내가 2년째 만나고 있다.

초반쯤이었을까? '카톡!' 하고 메시지가 왔다.

W "맥주 한 잔 하지 않을래요?"

"언제 시간 되세요?"

참 싱거운 여자다. 이 여자!

인터뷰하며 예나 지금이나

술은 거리가 멀다고 말을 했건만,

설마? 싫어서 그런 건지,

아니면 잊어버렸는지.

방송에서 몇 번을 말해도 소용이 없다.

나는 술과 가까워 본 적이 없다.

아마 이 친구도 안 믿고 있거나,

맥주 한 잔은 술이 아니라고 생각하는 모양이다.

이렇게 다시 만난 곽 작가와의 면대면!

잊히지가 않는다.

내 앞에 그녀가 앉아 있는 게 낯설고 갑갑했다.

내게 새로운 인물과 친해지고 익숙해지기란

매 번 힘든 일 중에 하나였다.

편해지기까지 얼만큼의 시간이 걸리려나?

그런데,

그랬던 여자를 내가 일주일에 한 번은 만나고 있다.

나에게 무슨 일이 생긴걸까?

Part 2

인
터
뷰

뱀
파
이
어
와
의

Interview With The Vampire
: The Vampire Chronicles, 1994

"나도 저 여자처럼 되고 싶어."

✳ 당신은… 물려받은 유전자에 대해 생각해 본 적이 있나요?

당신은 어떻게
그대로냐고

__W__ "그래서, 외모 유지를 어떻게 한 거냐고요."

__B__ "유지는 무슨 유지, 별거 없어. 그리고 알려줘 봤자 소용없
을 텐데 뭐 하러 물어."

__W__ "왜 소용이 없어요?"

__B__ "듣고 말 거잖아. 별거 아니니까, 다 아는 얘기니까…"

__B__ 정말 그렇다. 그동안 많이 받아왔던 질문들이다. "어쩜 너는 몸
매가 그대로니? 무슨 운동해?" "군살이 하나도 없어" "근육 봐" 이
미 5년 전에도 10년 전에도 알려준 똑같은 방법을 그대로 알려준다.
근데 돌아오는 답은? "넌 연예인인데 별거 없다?"
요즘은 연예인보다 더 새롭고 다양한 정보를 가지고 있는 사람들도
많고, '연예인인데 왜 혹하는 비법이 없냐'며 물어오는 이들도 있
다. 그들에게 난 항상 말한다. '연예인만의 비법'이랄 건 없다고.
　　그런데도 굳이 나에게 '그래서, 비결이 뭐냐고요!'를 묻는다면,
귓등으로 들을지언정, 이 정도는 말할 수 있다.

__B__ "기본적인 게 되어 있어야 부차적인 것도 의미 있다고."

너에게도 있는
연예인 유전자

B 우선 나의 경우를 말하자면, 외가와 친가가 모두 비율이 좋은 편이다. 멀리 가지 않고 엄마 아빠만 보더라도 그렇다. 두 분 다 가만히 앉아 계시는 체질이 아니어서일까? 기초 대사량이나 근육량도 많은 편이고 두상이 작고, 나이보다도 훨씬 어려 보이는 동안형 얼굴에, 하체도 곧고 힙 업이 되어 나온 유전자시다.

B "작가야 너 유전자에 대해 생각해 본 적 있어? 부모님한테 물려받은 좋은 유전가가 뭔 거 같아?"

W "그런 게 있나… 너무 어려운 질문인데요. 생각해본 적이 없는데. 나한테 연예인 유전자가 어디 있어요? 그런 게 있으면 연예인을 했겠지."

B 연예인 유전자라는 말에 한참을 웃었다.

B "아니 연예인 유전자는 따로 있나?"
W "언니가 가진 게 연예인 유전자죠."
B "말을 말자…. 그럼 훤칠한 큰 키는 누구 닮았어?"
W "키 아무도 안 닮았어요. 아빠 포함해서 제가 제일 커요. 돌연변이예요."

_B_ "그럼 네가 말하는 연예인 유전자 말고, 이거 하나만큼은 잘 갖고 태어났다 싶은 거는?"

_B_ 곽 작가, 한참을 대답이 없었다.

_W_ "허리에 살이 잘 안 찌는 거. 그리고 골반 큰 거? 오리 힙 인 거? 엄마가 어릴 때부터 그랬대요. 예전에는 싫었는데 요즘 은 또 그게 좋은 거더라고요. 할머니도 골반이 컸고 엄마도 커요. 또 두상이 작지는 않지만 동글동글 예쁘긴 한데 그건 또 아빠 닮은 것 같아요."

_B_ "봐, 있잖아. 허리 라인이라고는 찾아 볼 수도 없는 통허리 라든가, 맥 없이 존재하는 힙을 힙 업 운동 두 배로 해서 업! 업! 시키려고 무던히도 노력하는 이들도 있어. 그렇게 따지 면 너는 그 사람들보다는 그 부분만큼은 나은 유전자를 갖 고 태어난 거잖아."

_B_ 유전자 소리가 나오자마자 시끌시끌 여기저기서 심한 욕부터 할 것 같은 소리가 들리는데, 그러기 전 가만히 생각해보라.

어깨 각이 예쁘대요, 눈썹이 풍성해요, 발목이 가늘고 긴 손가락을 가졌어요, 상체보다 월등한 하체 길이, 목소리가 매력 있다던데요, 머리숱이 풍성하고 탐스러워요, 메이크업으로도 따라잡을 수 없는 날렵한 턱 선, 부드러운 광대를 지녀 인상이 좋대요, 유난히 하얗고 건강한 고른 치아, 활달하고 긍정적인 성격, 늘씬한 몸매, 약골이 아닌 튼튼한 뼈대, 살이 안 찌는 체질, 손재주 등등···. 이렇듯 누구나 하나 이상은 좋은 유전자들을 가지고 있다. 나 역시도 그런 보통 사람들이 가진 것처럼 부모님과 닮은 체질과 체형적인 장점이 있다는 얘기다.

연예인이든 일반인이든 예쁜 사람의 공식은 단순하다. 가진 연예인 우성인자가 뭔지를 빨리 인지하고 부족하다고 생각되는 열성인자를 채우는 계획을 짜느냐, 마느냐.

나 역시 다른 사람들처럼 좋은 유전자 몇 개를 물려준 부모님께 감사하며, 더 건강하게 몸을 유지하기 위해 귀찮고 꾀가 나도 내 몸을 사랑하고 아낄뿐이다.

SECRET 2
유전자를 이기는 힘,
습관

_B_ 유전자 외에 또 한 가지 부모님에게 감사한 것은, 유독 체구가 작고 호기심이 컸던 내게 하고 싶다는 운동은 다 시켜 주셨다는 것이다. 공부를 외치시기보다는 줄넘기를 던져주셨고, 롤러스케이트가 유행할 때는 사 달라 말하지 않아도 사주시며 몸에 보호대를 채워주셨고… 핑크 드레스 대신에 훌라후프를, 비즈가 달린 구두 대신에 운동화를 건네주시며 "어디에 뭐가 생겼다더라, 배워볼래?" 하는 식으로 늘 몸을 움직이게 만들어 주셨다는 것이다. 덕분에 나는 아주 어린 시절부터 운동이 당연한 일상이 되었고 습관적으로 운동을 하며 지내왔다. 그렇게 성장해 연기자의 길에 들어선 후, 잠자는 시간이 모자라 쪽잠을 자면서도, 짧은 치마를 입고 폴짝폴짝 뛰어다니며 테니스를 치고 있는 언니들 모습이 예뻐 보여 시간을 쪼개 개인 교습을 받기도 했다. 또 헬스클럽에 가서 PT를 받으며 몸을 만들기 시작했고, 자유형 폼이 젤 근사한 수영 선생님을 직접 골라 맞춤형 레슨을 받기까지… 인기와 경제력이 뒷받침 된 가장 예쁜 시절의 기쁨을 파티나 술자리로 보내는 대신 멋지게 운동하고 자기관리를 하는 게 진정한 '연예인 포스'라 생각했었다.

먼 기억이지만 그때를 떠올릴 때마다 내가 봐도 "독하다" "유별나다" "피곤하다" 싶을 정도로 여느 연예인과 비교해도 평이하게 90년대를 보내지는 않은 듯하다.

운동을 하는 종목과 장소는 바뀌었지만, 지금도 생활 속에서 어떤 식으로든 운동을 잊지 않고 찾아 한다. 다시 말해, 습관이 되어 버렸다는 얘기다.

마사지도 마찬가지다. 2주에 한 번은 손이 닿지 않는 곳! 등 관리를 받기 위해 전문가를 꼭 찾는다. 꾸준히 관리를 받다 보니 기본적인 지압 점 정도는 스스로 찾아 누를 수 있을 정도고, 이제는 괄사를 가지고 다니며 생각이 날 때마다 버릇처럼 얼굴과 발을 마사지한다.

또 몸은 타고난 골격도 중요하지만 좌우 밸런스를 맞추는 것 역시 중요하다. 나는 왼손에 비해 오른손이 강해도 너무 강한 편이다. 그래서 평상시에 일부러 왼손을 자꾸 써서 몸의 균형을 유지하려고 한다. 예를 들어 물건을 집을 때도 왼손을 의도적으로 많이 쓰고, 손목 강화 운동을 할 때도 오른손 보다 횟수를 늘려서 하고, 양치를 할 때도 왼손을 적극 사용하려고 배로 신경을 쓰는 편이다. 또 계단 오르는 걸 좋아하지만 밸런스에 문제가 될 정도로 짐을 들고 있다면 계단 오르기를 하지 않는다. 틈틈이 유연성을 기르기 위해 스트레칭을 하고 좌우 밸런스에 초점을 맞춘다. 밸런스는 건강과 연결되고 전체적인 풀 샷을 살려준다.

만족스러운 비율은 부모님이 주신 거지만, 지속적인 지압으로

40

작은 얼굴을 유지한 것은 내 습관이 한 일이고, 건강한 하체를 주셨지만 탄탄한 근육으로 유지한 것과 곧은 자세로 긴장 없는 몸매를 가꾼 것 또한 내 습관이 한 일이다.

지하철에서 길거리 캐스팅을 당할 때의 나는 유전자 덕을 많이 봤을지 모르지만, 동안이다, 건강하다는 소리를 듣고 더 신이 나서 노력을 하는 지금의 나는 습관 덕을 더 봤다고 말하고 싶다.

이렇듯 내게 좋은 유전자가 있으면 그걸 더 아낄 수 있는 습관을 들여야 한다. 만약 살이 잘 찌는 유전자를 물려받았다 해도 '이번 생은 망했구나' 하지 말고 극복할 생각을 하면 된다. 카메라 마사지라는 말이 어디서 나왔겠는가. 태어나길 연예인으로 태어난 이들도 있겠지만 요즘처럼 예뻐지는 정보가 많은 시대에는 노력으로도 연예인을 능가할 수 있다는 것이다, 분명히!

SECRET 3

문제는 30 이후!
유전자는 힘을 잃는다

B 먼저, 이런 경우를 보자. "어쩜 저렇게 윤기나는 피부를 가졌을
까?" "보톡스 안 맞아도 되겠다. 타고나길 얼굴이 작아서" "다른
사람들에 비해 먹는 양이 많은데도 쟤는 살이 안 쪄, 체질인가 봐"
"날씬해서 좋겠다" 등의 이야기를 듣고 자랐다거나, "난 운동이 싫
어! 내 몸에 근육이 생기는 건 더 싫고, 움직이는 것보다 조용히 앉
아서 무언가를 하는 게 좋아"라고 생각하는 이들, 또는 "나는 운동
신경이 없어도 너무 없어, 운동을 심지어 해 본 적이 없는데, 나는
물만 먹어도 살이 찐다"라며 에라 모르겠다 이미 포기한 이들에게
는 공통점이 있다. 보통 운동의 필요성을 느끼지 못한다는 것.

그러나 지금은 예전과 비교할 수 없을 정도로 활동적인 여성들
이 늘어나고, 마른 체형보다는 적당한 근육질의 여성들이 미의 기
준이 되고 있다. 단순한 운동을 넘어, 다양한 레저활동과 함께 어울
리는 횟수가 많아지게 되면서, 여성들이 그동안 느끼지 못했던 걸
느끼게 된 것이다.

조금만 움직여도 힘들고, 남들보다 쉽게 지치고… 내가 살을 진
짜 빼야 하나? 나도 근력을 만들어볼까? 등의 생각이 드는 순간, 운
동을 떠올리고 계획을 짜보기 시작한다. 하지만 몸에 익지 않은 운
동이기에 바로 포기하는 경우가 많다. 내일부터? 다음 달? 하던 것
이 일 년 되고 결국 매 번 작심삼일로 끝나고 만다.

타고난 건강한 유전자는 분명 20대까지는 버틸만하다. 위에서 말했듯이 유전자는 굉장히 큰 부분을 차지하지만 20대를 넘어 30대에 접어들면 그것만을 믿고 마냥 자신만만할 수는 없다.

문제는 30대로 접어드는 시점이다. 운동 습관을 들이지 않던 이들이 30대 이후부터는 서서히 살이 찌거나, 처지기 시작한다. 근력을 키운 적이 없으니 꾸준히 운동을 해왔던 이들보다 '나잇살'을 먼저 맞이하게 된다.

얼굴 골격이 작은 건 분명히 축복이다. 그런데 피부가 처지기 시작하면 날렵했던 턱 선은 사라지고 얼굴이 전과 다르게 커진 것을 느끼게 된다. 전체적으로 탄력이 없으니 당연히 피부 모공도 커질 수밖에 없고. 피부가 좋아 봤자 몸이 처졌는데 얼굴만 올라 붙어있을 수 없고, 얼굴 피부가 처졌는데 몸만 탄탄하기도 어렵다. 즉 몸에 탄력이 떨어지면 그마저도 지키지 못한다. 그러면서 혼자 적잖게 놀란다. "어! 살이 없던 게 생겼어" "예전에 이렇지 않았는데 라인이 없어졌어" "나도 이제 나이가 드나 봐" "슬프다"

운동해서 마른 몸과 원래 마른 몸이 어릴 때는 큰 차이가 없다가, 한 살 한 살 들어갈수록 운명이 바뀌는 건 그 때문이다. 유전적으로 늘씬한 체구, 작은 얼굴, 빛나는 탱탱한 피부… . 한때는 빛이 나고 좋을지 모르나 운동습관이 자리 잡은 이들에게 추월 당하는 건 금방이란 뜻이다. 결국, 나이가 들수록 습관이 더해지지 않은 유전자는 묻혀 버리고 만다. 유전자로 받은 아름다움은 짧은 시간 피었다가 그만큼 빨리 져버린다. 그러니 신세한탄 그만하고, 부모님 원망 그만하고, 유전자 좋다고 우쭐해서 막 살지도 말고! 습관의 마법을 믿어보자. 아름다움에 있어서 장기전에 돌입하면 무조건 습관이 이기게 되어 있는 게임이다!

Part 3

먹고, 기도하고, 사랑하라

Eat, Pray, Love 2010

" 몸과 마음이 원하는 진실을 찾아 나선다면
진실은 당신을 비켜갈 수 없다. "

✱ 당신은 … 오늘 하루 뭘 드셨나요?

오후 2시,
빵 먹는 이본과
다시 만났다

W "언니 우리 저녁 먹을까요? 7시쯤 어때요?"

B 6시 이후에는 아무것도 안 먹는다. 데뷔 후 지금껏 거절이 영 어려운 저녁 자리가 아닌 이상 무조건 지키려고 노력하는 부분이다. 그것도 말했는데 아마 인터뷰용 멘트라고 생각했던 모양이다. 결국 맥주도 거절하고, 7시 저녁식사 만남도 거절하고 오후 2시쯤 카페에서 만나기로 했다.

🐝 이 본

6시 이후 안 먹는다고.
술 진짜 안 마신다고!

6시 이후 금식

B   6시 이후 금식을 추천하지는 않는다.
왜? 어려우니까.
꾸준히 이끌어가기가 결코 쉽지 않은 일이니.
다음 날 새벽부터 촬영 잡히는 날은 많고,
늦은 시간 뭔가를 배 속에 넣고 자면
아침에 눈 떠 꼭 차가운 마사지를 해주고
적정시간이 지나야 부기가 빠지고….
그런 것들의 반복이 싫어서
6시 이후 될 수 있으면 먹지 않기로 혼자 결정을 봤다.
이걸 실천으로 옮길 수 있었던 결정적인 이유는
라디오라는 매체의 홈런 덕이다.
라디오는 무슨 그렇게 할 것도 많은지,
두 시간 달랑 하면 끝나는 게 아니다.
생방 전에도 녹음을 해야 하고,
끝나고 집으로 곧장 갈 수도 없다.

화려한 게스트 덕에

스케줄이 맞지 않아 녹음을 뜨는 경우도 많다.

결론은 쉴 새 없이 떠들어야 한다는 거.

근데 6시 이후로 안 먹는 게 그거랑 무슨 상관이냐?

음식물을 섭취 후 마이크 앞에 앉으면 입안에 침이 고여

계속해서 말을 하고 조절하기가 여간 힘든 게 아니다.

몇 번의 난처함을 경험하고 더 굳건히 다짐했다.

듣는 청취자도 좀 생각하자!

계속 침을 삼켜가며 할 짓인가?

청취자의 귀를 찝찝하게 할 이유가 없다고 판단했고,

6시 이후 먹지 않는 습관이 저절로 자리매김한 것이다.

결과적으로는 규칙적으로 먹게 되고,

배부르게 먹더라도 다음 날 붓지 않아 좋고

무엇보다 야식으로 살찌는 습관이 원천적으로 없어져서 좋다.

지금 생각해보니 참 어이가 없다.

내가 무슨 슈퍼우먼도 아니고 6시 이전에 식사를 다 마치고

라디오 마치면 드라마로 건너가서,

배고파도 이를 악물고

아기들 먹는 분유를 한 입 털어 넣으며

밤 씬을 찍고 버텼다니….

미쳤구나 싶다.

젊어서 가능했다.

지금 나에게 비슷한 과정이 생기면 이제는 자신이 없다.

강행군을 해야 하는 날은 6시 이후가 되더라도

간단한 샐러드나 선식 정도는 받아들일 생각이다.

금주

B 처음 소주 한 잔을 마신 나는 심장이 강하게 뛰고

얼굴이 빨개지고 내 몸이 오징어가 되는 듯 하고,

무엇보다 그 쓴 느낌이 싫어서 그 후로 마셔 본 적이 없다.

지인들이 한마디씩 한다.

"처음에는 다 그렇지!

다 흑역사를 하나씩은 만든 후에,

그때부터 조금씩 느는 거지."

헉! 잘 마실 때까지의 과정을 왜 이겨내야 하는지조차

이해할 수 없었고 일부러 잔을 들지 않았다.

그러니 술을 못 마신다는 말보다는

애초에 배우려고 하지 않았다가 맞는 거 같다.

지인들 중에는 술이 좋다는 사람들이 많다.

"기분이 업 되고 겁이 없어지고,

서로 느슨해지고 편해지고 맨 정신에 못할 얘기,

예를 들면 자기 치부를 드러내며

동료애인지 전우애인지 모를 것이 싹튼다"라며

내 얼굴을 보고 한마디들 한다.

"참 좋은데, 너는 그런 걸 모르니 안타깝다."

"한 번 시도를 해봐라"

"누구도 술 한 잔 못했는데, 지금? 장난 아니다." 등….

술을 한 잔 두 잔 기울이다 보면 속내도 드러내고

인생사에 대해 논할 수 있다는 말일 것이다.

가끔, 아주 가끔 피해 갈 수 없는 각에 몰릴 때

시도를 해본 적도 있다.

맥주 몇 모금, 와인 한 잔, 소주 반 잔!

어김없이 잠이 쏟아진다.

그러나 그 시간이 길지 않다.

한 30분 이내로 깨고 다시 멀쩡해진다.

내가 술을 접했으면 무시무시했을 거 같다.

기분 업? 맨 정신에는 할 수 없었던 그 무언가?

주체할 수 없는 에너지를 가진 내가 술까지 넘봤다면?

큰일날 말이다.

내 인생 적절한 선에서 끝났을 거 같지 않다는 생각에

눈앞이 캄캄해진다. 그러면서 속으로 말한다.

"참 다행이다, 금주를 하게 해주셔서 감사하다고…."

마지막으로 금주를 선택한 가장 큰 이유!

어찌 됐건 술이란 건 낮보다는 밤에 만나는 밤 손님 아닌가?

술 자체도 칼로리가 높은데
심지어 따라붙는 술안주는 어찌할 건가!
늦은 시각 어두컴컴한 조명 아래 비치는
안주들의 비주얼!
군침이 돌기 시작하며 젓가락을 들지 않으면
안 되게끔 하지 않는가!
술이 부르는 식욕도 어마어마하다.
가끔 곽 작가가

_W_ "어제 회식이어서 망했어요. 술이 안주를 더 집어먹었어."

같은 소리를 하는 것만 봐도 그렇다.
묻어지며 살고 싶지 않다.
안 마셔봤고 꼭 배우고 싶지 않을 뿐이다.
실제로 잠자기 전 양파와인 한 잔은 먹고 뻗는데,
그게 전부인 게 난 좋다.

BON

빵은 죄가 없어

W 그렇게 카페에서 이본을 만나 커피를 주문하러 가려는데 그녀가 없어졌다. 트레이를 들고 빵 코너로 사라진 그녀는 초코 꽉꽉 들어찬 빵부터 집어왔다. 나도 모르게 입에서 한마디가 튀어나왔다.

W "아니, 초코빵은 드시는 거예요? 식이요법 되게 철저하신
　　줄 알았는데."

B 그날도 어김없이 의심스러운 눈초리로 나타난 곽 작가.
말은 바로 해야겠단 생각이 급 들었다. 내가 무슨 이슬만 먹고 산다고 했나? 뭘 크게 오해하고 있는 듯했다.

B "꼭 소금, 설탕, 밀가루 끊고 닭 가슴살에 풀만 먹어야 제대
　　로 된 식단이라 했던가? 내가? 나도 다 먹어. 그리고 지금
　　은 점심이잖아. 난 늘 아침이 거하지 못 해서 가볍게 먹고
　　나왔는데 빵 좀 먹으면 어때? 삼시 세 끼 헤비하게 먹는 것
　　도 아닌데. 대신 조절을 할 뿐이야. 곽 작가처럼은 안 먹는
　　단 거지.
　　조각 케이크 같은 거 하나 시키면 다 먹어야 된다는 의무감
　　있다며? 그런 의무감이 꼭 있어야 돼? 3분의 1만 먹어도 무

슨 맛인지 다 아는데 그렇다고 1인 1식처럼 각각 안 시켰잖
아. 난 맛을 봤고 다 같이 나눠서 먹었으니 남길 일 없고, 때
론 좀 남기면 어때? 분위기 좋았고 맛나게 재미있게 먹었잖
아. 그럼 된 거 아냐?

그리고 빵을 왜 안 먹어? 그게 다 에너지원인데. 세계 모든
나라의 주식이 왜 다 곡류겠어? 싸고 생산도 쉽고 일단 맛
있고. 그리고 카페에서는 빵 좀 뜯어줘도 돼. 수다 떨면서
집어먹는 게 은근 재밌다고.

프랑스 여자들이 왜 살찌지 않겠어? 거기 맛난 빵이 얼마나
많은데. 충분히 긴 시간 동안 수다 떨면서 섭취해서 그런 거
아닐까? 이게 우리 작가가 녹화장에서 출출하다고 허겁지
겁 과하게 뜯어서 먹는 빵이랑은 다른 거야. 즐겁게 천천히
먹고 움직이면 뭐든 에너지원이지."

이 죽일 놈의 습관,
꼭 끝을 봐야 하나?

W "그럼 언니 치킨도 드세요?"

B "먹지. 1년에 3~4번 먹나?"

W "언니 탄산음료도 안 마신다고 그러지 않았어요?"

B "어, 평소에는 안 땡겨. 생각 자체가 안 나. 몇 년에 한 번?
지나칠 수 없는 햄버거를 먹을 때 정도?"

W "뭐야…. 라면은요?"

B "라면 일년에 다섯 번 먹나? 너는?"

W "저 면순이라서 라면 일주일에 다섯 번도 먹고요, 치킨 최
소 한 달에 한 번은 먹어요. 그걸 어떻게 1년에 3~4번만 먹
어요?"

B 일주일에 라면을 다섯 번 먹는다는 대답이 놀라웠다. 너무 먹는
거 아닌가? 그날 곽 작가와 헤어지고 궁금해 본 적이 없었던 게 궁
금해졌다. 보통 라면을 어느 정도 먹는지, 치킨은? 짜장면, 짬뽕은?
인스턴트, 패스트푸드는? 여러분은 어때요?

B 바삭바삭 치킨 맛있는 거 누가 모르냐. 근데 내 의지가 더 대단
하니까 잘 안 찾지~ 하고 시크하게 대답해버렸는데, 작가가 "그건
의지가 대단한 게 아니라 독한 수준 아니에요? 저는 그냥 먹고 살

찔래요….” 하고 고개를 젓는다.

B “치킨 애기 좀 나눠 볼까? 치킨 맛을 모르는 사람이 세상에
어디 있어? 나라고 별수 있나? 그리고 뻔한 얘깃거리라고
흘리는데, 여기 깨알 같은 적이 숨어있어. 트랜스지방, 나트
륨, 포화지방 이런 애들은 진짜 나중에 빼기도 힘들고 몸에
안 좋다니까. 봐라, 성인 하루 트랜스지방 권장량이 2.2g이
잖아. 치킨이 한 조각에 0.9g 막 이래. 2개 먹으면 그날은 끝
인 거야.

당연히 이런 걸 생각해서 먹어야지. 과자든 도넛이든 기름
에 튀긴 음식은 트랜스지방이 많을 수밖에 없잖아. 그걸 마
냥 먹어? 꼭 끝을 봐야 해?

몸에 안 좋다는 거 안 먹어가며 오래 살고 싶다는 게 난 아
니라고. 어두침침한, 질이 떨어지는 삶이 싫을 뿐이라고! 이
왕 사는 거 떠돌아다니는 정보 교과서 같은 소리 적용해서
건강하게 삶의 질을 높이며 사는 게 좋지…. 아냐?

곽 작가도 30대 초반이면 이제 이런 걱정에서 자유로운 나
이도 아닐 듯한데 ‘먹고 살찌면 돼요’는 너무 무책임한 얘기
란 말이지.”

🌿 이 본

B 어느 날 공원을 한 바퀴 돌 던 중
앞서 걷던 남자의 목소리가 들려왔다.
너 그 사람 기억나? 음식의 궁합에 대해 줄줄 외던 사람?
아 왜~ 육회는 배와 같이 꼭 먹어줘야 하고 소식하고
제철 음식 따지고, 비타민 갖고 다니고….
이렇듯 설명을 하자 옆에 듣고 있던 여자가 알아차렸고
그제야 그 사람이 왜? 한다. 죽었다던데….
아 진짜? 그러고 보면 오빠, 그렇게 몸 생각해서
철저히 살아도 죽을 사람은 다 죽는 거 같아….
그 둘의 대화를 들으며 사람이 죽었다는데 저렇게 말을 하나?
하면서도 또 어찌 보면 틀린 말은 아닌듯하고.
뭐가 뭔지 모르겠다 하고 빠른 걸음으로
앞질러 걸어왔던 날이 있었다.

밀가루 너무 먹는다,
술 좀 적당히 마셔,
담배도 끊어, 운동을 해야지.

이런 얘기들은 살면서 자주 듣게 되는 이야깃거리다.

그때마다 각자의 생각 역시 가지가지다.

"그래 줄여야지, 그렇게 마시더니 누구 봐"

"맞아. 작년 다르고 올해 다르고 몸이 가는 거 같아"

"얼마나 오래 산다고! 아휴 됐어"

"난 먹고 싶은 거 원 없이 먹고 죽을래"

"누구는 담배를 그렇게 피는데 폐가 깨끗하대"

"우리 할머니 밀가루 엄청 좋아하시는데 장수하셨는데?"

"피곤하게 살지 마"

"그렇다고 막 살아?"

논쟁은 끝이 없다! 그는 그, 나는 나!

틀린 말은 아니다 생각이 들면서도

모든 걸 운명으로 넘기기는 싫을 뿐이다.

여하튼 난 운명론자는 아니기에.

하지만 한 번쯤은 각자 생각해보자.

어떤 게 더 행복한 삶인지,

어떤 게 더 큰 행복감을 주는지.

난 원래 그랬다니까,
어릴 때부터.

예뻐야 하고, 즐거워야 해

B 어릴 때부터 먹는 것도 예쁜 걸 유난히 좋아했고 지금도 변함없다. 사과? 동화 속에 나오는 사과의 이미지를 잊을 수 없어서일까? 더 달거나 말거나 흠집 나고 못생긴 애들은 손이 잘 안 가고 매끄럽고 예쁜 틀을 가진 것들만 먹었다. 복숭아, 귤, 자두, 참외, 토마토…. 우리 안 여사는 '배꼽이 이렇게 나와야 맛있다~' 했지만, 줘도 안 먹었다! 안 여사는 물론 혀를 차며 답답해하셨다. 그것뿐이랴. 매일 찾는 달걀 프라이? 그거 하나도 예쁘게 원형을 만들어 먹는다.

이렇게 '외형이 예쁜 것'을 사랑하는 버릇은 아직까지 유지 중이다. 거기에 한 가지가 추가되었다고 한다면 음식의 상태를 따진다는 것! 아직도 난 촬영장에서 식은 김밥이나 도시락, 샌드위치 등을 잘 안 먹는다. 어떤 음식이든 바로 만들어져 맛있는 상태가 유지되지 않은 것은 잘 먹지 않는 편이고, 특히 끼니를 때우기 위해 만든 지 오래된 음식을 섭취하는 건 한 마디로 말해, 싫다. 내가 왜 그런 식으로 몸에 칼로리를 꾸역꾸역 쌓아야 할까? 배 속으로 들어가면 똑같다지만 입에 넣는 음식도 상태가 예쁜 걸 좀 넣자에 한 표!

그래서 그냥 나는 곡물을 갈아서 만든 가루를 항상 가방에 넣어

허겁지겁 먹지 말자.

끼니를 성의 없이 때우지 말자.

눈도 즐겁고 기분도 좋아지는 음식을 섭취하자.

시간이 지나 변질의 우려가 높은 것은,

과감히 돌아서자.

가지고 다니다가 어쩔 수 없이 끼니를 때워야 할 때는 그 곡물 가루를 우유에 타서 원 샷 때리고 만다.

식사도 예뻐야 하지 않을까? 여기서 예쁘다는 말은 푸드스타일리스트에 의해 예쁘게 꾸며진 것을 말하는 게 아니다. 좋아하는 사람들과 맛있는 것을 찾고, 갓 만들어져서 상태도 영양도 예쁜…. 그런 음식을 웃으면서 행복하게 먹는 것을 말하는 거다.

W 개인적으로 이 팁은 두고두고 전파 중이다. 나 같은 경우 일단 프리랜서기 때문에 이동하면서 먹어야 하거나 갑자기 끼니를 때워야 할 때, 그리고 늦은 시간에 약속이 있는데 그때 너무 폭식할까 봐 걱정될 때 등을 위해서 작은 통에 한 끼분의 분말을 가지고 다닌다. 선식도 좋지만 나는 단백질 파우더를 가지고 다니는데, 요즘은 초코 맛부터 곡물 맛까지 있어서 선택하기도 좋고 일단 잘 풀리게 제조되어있어서 저칼로리에 한 끼를 때우기 딱 좋다. 여기서 팁 하나를 더하자면 조카가 쓰던 작은 이유식 통에 한 끼분을 넣어가지고 핸드백에서 넣어서 다니다가 바쁘면 저지방 우유를 이유식 통에 그대로 타서 흔들어 먹는다. 포만감이 있어서 간식도 안 집어먹게 되고 좋다. 추천!

뭘 먹을까?
어떻게 먹을까?

B 나라고 영양소를 줄줄 외우고 다닐 리 없다. 하지만 내가 먹는 걸 진단은 할 수 있지 않은가? 나의 오늘 하루 식단 체크하기! 막상 체크해보면 은근히 비슷한 양념, 비슷한 조리법, 비슷한 재료만 먹고 있었을 가능성이 높다.

한 끼 식사가 눈으로 보기에도 기름에 튀긴 거였다면, 다음 식사는 삶거나 찐 것을 선택하고, 간이 좀 센 걸 먹었다 싶으면 MSG를 뺀, 싱겁지만 밋밋한 종류를 먹으려 하고. 내가 점심때 우동을 먹었다면? 저녁은 밀가루를 피하고. 또 찬물보다 따뜻한 물을 마시고, 집어삼키기만 해도 속까지 시원한 탄산음료보다는 차를 찾고, 고기 대신 생선과 야채, 과일을 먼저 떠올리고, 패스트푸드를 선택하기보다는 슬로푸드*slow food*를 선호하는 식이다. 영양소가 뭐가 들었는지 따지는 건 피곤한 일이다. 그럴 땐 식탁 위 반찬들을 골고루 접해야지 하는 마음으로 먹는다. 그러면 좋다고 떠드는 대부분의 것들을 결국 다 찾아먹게 될 확률이 높다.

앞서 말했듯이 모든 영양소를 꿰고 살 수 없지만, 시간 날 때 내가 먹는 음식에 대해서 찾아보는 것도 다양하게 먹는 생활을 유지하는 데 도움이 된다. 사과를 먹고 무심코 찾아봤더니 사과는 빈혈에 좋고, 식이 섬유 펙틴이 들어서 변비도 막아준다는 걸 알게 되고 그 후 아침마다 사과 한 조각을 찾아먹는다.

얼마 전엔 속이 너무 안 좋았는데 요새 너무 커피를 많이 마셨나 싶기도 하고 자몽이 좋다고 어디서 들은 것 같아서 일단 찾아봤다. 그랬더니 실제로 위산 분비를 줄여서 소화에 좋다는 걸 알게 됐다. 향 덕에 식욕도 줄고 쓸데없이 쌓인 지방도 태워준다는 것. 이런 식으로 하나씩 찾아보면 정보는 내 것이 되고 아무거나 입에 넣는 버릇도 줄어든다.

눈이 즐거운
COLORFUL FOOD!
파이토케미컬!

예쁜 음식을 사랑하던 내게 다양한 색깔의 채소나 과일은 항상 일순 위로 손이 가던 액세서리 같은 것이었는데, 그게 실제로 몸에도 좋다 는 사실이 과학적으로 증명됐다! 채소&과일에 섬유질이 많으니 찾아 먹으라는 얘기는 말해야 입 아픈 고전이고, 이제는 색깔까지 골라가 며 먹어야 할 때다. 왜냐? '파이토케미컬' 때문!

파이토케미컬 (피토케미컬, phytochemical)
식물 속에 들어 있는 화학물질로 각종 미생물 · 해충 등으로부터 자신의 몸을 보호하는 역할 등을 한다. 사람의 몸에 들어가면 항산화 물질이나 세포 손상을 억제하는 작용을 해 건강을 유지시켜주는 물질.

파이토케미컬은 화려하고 짙은 색소의 식품에 많이 들어있다고 한다.

파이토케미컬 6색과 대표적인 식품들

RED 토마토, 파프리카, 수박, 딸기

ORANGE 당근, 호박, 감, 귤

YELLOW 파프리카, 파인애플, 레몬

GREEN 키위, 파슬리, 브로컬리, 파,

WHITE 콩나물, 두부, 콩, 무, 버섯, 양파, 마늘

BLACK 검은 콩, 검은 깨

비비드한 컬러를 지닌 개성 있는 음식들을 사랑하자.

세 끼를 다 챙겨 먹을 시간이 안 될때, 외국에 나갔을 때, 또는 음식의
가짓수가 많은 식사에 초대받아서 어떻게 먹어야 잘 먹는 거지? 싶을
때는 일단 다양한 색깔을 하나씩 먹어보라고 권하고 싶다.

어느 날 밤,
라면이 너를 부른다면

_B_　나도 스트레스를 다양하게 풀지만 그중 하나 제일 빠르고 손쉬우면서 무식한 방법이 과식이다. 단, 자주는 절대 안 된다. 내가 말한 1년에 5번 라면 먹는 순간이 아마 이런 때에 해당하지 않을까.

어느 날, 하루 종일 보이지 않게 스트레스를 받은 듯 내가 직접 끓인 라면이 간절했다. 그것도 6시 이후, 밤 9시 50분인데!

먹자! 먹어야겠어! 문을 열고 젤 먼저 눈에 띄는, 엄마 덕에 늘 떨어지지 않는 육수를 꺼냈다. 양파, 다시마, 멸치, 버섯, 무, 대파 등을 댕강 썰어넣고 우려낸 엄마표 육수!

그 육수에 맛의 결정체인 라면 스프를 반만 넣고 면은 톡톡, 4등분 해서, 4분의 1은 미련 없이 버렸다. 씹히는 식감이 면발만 있음 약소하니, 기호와 그 날 땡기는 것에 따라 숙주나 콩나물 중 하나 넣고, 버섯 어슷 썰고, 파 썰고, 양파 썰고, 가는 미역이나 브로콜리, 계란 등을 넣었다. 칼칼하게 먹으려고 월남 고추도 하나 투입!

이 모든 걸 넣고 묵은 김치와 함께 폭풍 흡입! 호로록!

'내가 이 시간에 이걸 먹고 이게 뭐 하는 짓이지?'라는 생각은 접어두기로 했다.

언젠가 한 번은 늦은 시각 스트레스를 풀기 위해 라면 한 그릇을 끓여 허겁지겁 먹으면서도 계속 '이래도 되나? 괜히 끓였나? 남겨? 비워?' 머릿속이 복잡해 스트레스 해소는커녕 더 쌓이고 결국

*

당장 인생 종칠 것처럼은 먹지 않는다.
바로 눕지 않는다. 제발 그러지 말자.
그러다 진짜 몸매 망친다.
즐겁게 먹자! 이왕 먹는 거!

심하게 체한 경험이 있다. 두 번은 하기 싫다.

요즘 말하는 '맛있게 먹으면 0칼로리'라는 말, 이럴 때 쓰는 거 아닌가? 안 먹는다면 모를까.

진짜 포만감에 세상을 얻은 것처럼 든든하니 좋았다. 행복했다. 스트레스도 먹고 나니 별거 아닌 것처럼 느껴졌다. 마무리까지 다 하고 방에 들어오니 10시 반이 훌쩍 넘어갔다. 졸음이 밀려올 뻔한 상황! 누워 잠들면 그만이겠지만 단지 스트레스를 풀고 싶었을 뿐 인생 종치는 길로 다가가고 싶지는 않았기에, 때를 놓쳐 극장에서 볼 수 없었던 영화 두 편을 골랐다. 잘 먹고 기분 좋게 영화 두 편 때리고…. 너무 늦은 시간에 잠들어야 한다는 거 빼고는 괜찮은 하루였다.

사실,
먹을 것 앞에서
전투적인 그녀

W "언니 그만 좀 시켜요."

B "언니가 살 거야 걱정 마~"

W "아니 그런 문제가 아니고요."

W 토요일 5시, 줄 서서 들어온 식당. 언니가 주문한 메뉴는 5개!

B "크림우동 하나, 면은 우동이면 됐고, 돈까스, 카레 오므라이스 하나, 두부소스 식전 빵, 콘 치즈, 감자샐러드 이렇게 좋다."

W "아니, 먹을 사람은 언니랑 나랑 둘뿐인데 너무 과하게 시키는 거 아니에요?".

B "골고루 먹어보지 뭐."

W "언니, 무슨 식탐 있어요?"

B "작가야. 식탐은 이미 배가 부른데도 음식을 보면 먹고 싶어 탐내는 게 식탐이고, 다 다른 색을 지니고 있으니 이것저것 먹어보자고."

W 아침에 일어나서 삼겹살을 구워 먹는 나와는 달리 한 끼를 먹어도 어떻게든 먹고 싶은 걸 깔아 놓고 맛있게 먹겠다는 불굴의 의

지! 늘 한결같다.

B "이거 봐라. 노란색, 흰색, 초록색…. 빵, 밥, 면, 튀긴 거,
찐 거, 샐러드 다 있지."

W 먹을 때도 예외 없이, 하나하나 번갈아가면서 야무지게 챙겨 먹
는다.

B "너 이거 먹었니?"
W "네. 먹었어요."
B "이거 찍어서도 먹어봤어? 이거 발라서 먹어 봐."
W "아 참, 먹었다니까 그르시네."

W 우리 엄마도 포기한지 오래됐는데, 언니는 이거 먹어봐라 저거
먹어봐라 하면서 뭐라도 놓치고 편식할까 봐 난리다.

B "한 끼 맛있게 먹는 게 난 너무 즐거워. 여러 가지 먹을 수
있다는 게 얼마나 행복해. 근데 이렇게 시켜놓고 계산할 때
나눠 내자고 해봐. 웃기잖아…. 그래서 내가 살게! 미리 말

하고 와장창 시키는 게 마음이 편해. 근데 내가 아는 건강한
어르신들이 다들 이러신다. 그걸 보고 배웠나?"

_B_   "작가야 감자샐러드 먹었어? 감자가 우울증에 좋다던데?
먹어."

이본의
평소 삼시세끼

아침

: 아침은 간단하게

• 수란이나 달걀프라이 + 버터 살짝 발라 구운 토스트 한 개

    + 견과류 & 요거트

: 입맛이 없을 때

• 달걀프라이 노른자 반숙에 밥 조금 넣고 버터 살짝,

    간장으로 마무리 비벼 먹기.

• 블루베리 요거트, 아보카도, 버섯구이, 우유 한 컵, 미숫가루

점심

: 탄수화물

• 고구마 1개나 찐 감자 1개, 토마토 반 개

저녁

: 저녁은 든든하게

• 1인분 싹쓸이

• 제철음식을 찾아서

• 과식은 금물!

• 특별한 날이 아닐 경우 6시 이후 저녁은 NO 또는 요거트

🐝 이 본 X 🐝 곽 작 가

너 쌀국수 좋아해?
고수 먹을 줄 알아?

B　"작가야 아침에 뭐 먹었냐?"

W　"어제 먹은 기내식 체한 것 같아서요.
　　매운 거 땡겨서 라면 먹었어요."

B　"그럼 안 되겠네…. 쌀국수 집은 못 가겠다.
　　그럼 거긴 다른 날 가자."

W　"왜요, 언니 저 쌀국수 좋아해요.
　　저 쌀국수 블로그도 했었어요!"

B　"아니 라면 먹었다며?
　　몇 시간 지나지도 않았는데 또 어떻게 먹냐?"

W　"쌀국수 들어가는 배는 따로 있어요. 걱정 마요."

B　곽 작가와 시드니에서 지내던 어느날,
　　시드니 쌀국수집 얘기를 했더니 눈이 커졌다.
　　이미 아침에 일어나서 라면 하나를 흡입했다는데
　　또 쌀국수 얘기에 저런 반응을 보이다니….
　　나도 쌀국수 마니아지만 곽 작가는 나보다 한 수 위인 듯하다.
　　가는 내내 차 안에서 곽 작가는 독일 베를린 쌀국수의 사진을 보여주며 먹어 본 쌀국수 중에 최고라며 흥분하기 시작한다.
그래서 내가 데려가려는 여기보다도 맛난 데가
있을 수도 있겠다 싶어 내내 말을 아꼈다.
사실 내가 이곳에 처음 왔을 때는
별 볼일 없는 가게 컨디션이었다.
시끌시끌하고, 뭐가 그렇게 맛나길래?
사람은 또 왜 이렇게 많아?

B "그래봐야 쌀국수지 뭐."

B 의문을 품고 앞 사람을 따라 이것저것 넣고
한 입 먹었을 때의 그 기억이 아직도 안 잊혀진다.
뭐지 이게? 뭔데 이렇게 맛있지? 이 콩알만한 가게에서?
이게 처음 쌀국수를 맛본 날이다.
그랬던 그곳이 지금?
시드니 간판 맛집 수준이다.
여하튼 정말 맛있다. 돌아서면 생각나는 쌀국수다.

BON with WRITER

나와 곽 작가 자리를 잡고 앉았다.
사이즈부터 엇갈리기 시작했다.

B "레귤러로 두 개 시키면 되겠지?"
W "라지 먹고 싶은데요."

B 얘는 뭐야…?

B "라면 먹고 나왔다며. 라지 되게 커. 레귤러 먹어도 될 거야."
W "쌀국수 배 따로 있어서 상관없는데…. 그래요, 그럼."

B 씁쓸해하는 곽 작가는 combination,
   나는 raw beef 쌀국수를 시켰다.

W 라지 진심 먹을 수 있는데.
   그녀가 너무 깜짝 놀랄까 봐,
   그리고 "너 나 만나고 살 빼고 위 줄었다더니 다 거짓말이냐"

같은 소리를 들을까 봐 참았다.

쌀국수 마니아인 나에게

그녀가 쌀국수 집을 가야 한다고 주장한 것만큼

듣던 중 반가운 소리가 없었다.

쌀국수는 시키자마자 금방 나왔다.

B "너 어제 속이 안 좋았다며,

이거 고수 넣어야지, 고수. 소화에도 도움 돼."

W 고수를 크게 한 젓갈 집은 그녀는 내 국물 속으로 푹, 집어넣었다.

사실 나는 고수를 안 먹는다.

그런데 여행 중에 지키는 나만의 원칙이 있다면,

현지인이 추천하는 레시피는 최대한 그대로 먹는다는 것이다.

시드니를 하도 와서 사실상 현지인인 이본의 레시피를

믿어보기로 했다. 먹는 것에 있어서는 싫은 게 잘 없는 나를

어느 정도 파악한 그녀가 거침없이 넣어준 고수를

믿음을 가지고 일단 푹푹 눌러 담갔다.

그리고는 국물을 크게 한 입! 우와,

_W_ "아 이거 진짜 맛있네요."

_B_ "맛있어? 베를린 게 맛있어 이게 맛있어?"

_W_ 오는 길 내내 들은 이 집에 대한 그녀의 무한 애정을 생각할 때,
나의 베를린 쌀국수집 얘기가 그녀를 자극한 게 분명했다.

_W_ "네, 맛있어요. 완전 완전 맛있네요."

_W_ 훅 들어온 고수를 있는 그대로 받아들인 보람이 있었다.
한국에서 처음 먹어봤을 때 그렇게 생소하던 것이,
또 이렇게 맛있다.
생소한 식재료는 항상 그렇다.
현지에서 먹는 그 레시피를 그대로 하나도 안 빼고
갖춰서 먹으면 그 조합 덕에 맛을 알게 된다.
그렇게 고수의 맛을 난생 처음 이해하게 됐을 정도로,

AN 쌀국수는 맛있었다!

폭풍 흡입하던 와중에 보니 그릇이 절반이나 줄었다.

거 봐, 내가 레귤러 작다고 했잖아.

라지 시켰어야 하는데…. 아쉽다.

그녀는 놀라서 라면 먹고 바로 온 애가

이렇게까지 흡입할 줄 몰랐다고,

다음부터는 정말 큰 거 시켜야겠다며 고개를 저었다.

_B_ 먹으면서 생각했다.

그냥 라지로 하라고 할 걸~

폭풍 흡입이 따로 없다.

베를린 쌀국수와는 색깔이 다르다면서

또 생각날 것 같다는 말을 몇 번이고 내뱉으며

사이즈에 아쉬워하는 눈빛을 나에게 발사하기도 했다.

가자 이제. 아쉬울 때 일어나야 그리운 법!

다시 또 오리라 마음 먹고 차에 올랐다.

그녀의 방에는
과자상자가 있다

B "작가야~ 이거 먹어라. 내가 오키나와 가서 사 왔어."

W "이런 건 또 먹어요? 뭐야~"

B "왜 맛없어?"

W "그게 아니라 과자, 젤리 이런 거 안 먹을 것 같았거든요."

B "매일 과자 먹지. 미국 과자, 일본 과자, 사탕, 젤리, 초콜 릿…."

W "언니가요? 그거 다 먹으면 하루 종일 밥 먹으면 안 되지 않 아요?"

B "한 개씩밖에 안 먹는데?"

W "그게 무슨 말이에요. 한 개씩 먹는다는 게?"

W 6시 이후에 뭐 안 먹는다 얘기보다 충격적이었다. 과자를 한 개 만 먹는다니. 아예 안 먹는 사람이면 모를까 한 개만 먹고 봉지 닫 는 건 너무 비인간적이고 독하다! 과자란 자고로 봉지 뜯으면 클리 어해줘야 되는 게 우리 정서 아니냐구요.

B 여기에는 작가가 모르는 비하인드스토리가 있다. 솔직히 작가 가 왜 한 개만 먹냐고 몰아세우듯 묻기 전까지 나는 이게 그렇게 이 상한 일인 줄 몰랐는데…. '언제부터요?' '왜요?' '그럼 한번도 배

터지게 과자 먹은 적이 없어요?' 하며 날 기인 보듯 보는 작가가 난
더 신기하지만.

언제부터 하나씩 먹었냐고 해서 돌이켜보니 생각은 난다. 20대
초반 신인으로 활동을 하던 때로 거슬러 올라가야 한다. 혈기왕성
한 나이에 나라고 왜 배 터지게 간식을 먹고 싶은 마음이 없었겠나.
하지만 스케줄은 많고 배는 고프고, 동시에 몸매 관리를 해야 한다
는 강박은 더 심했고 6시 이후에 아무것도 안 먹는 건 그때부터 지
키던 식습관이었기 때문에 야식은 더더욱 꿈도 못 꿨다.

모든 일정을 마치고 집에 들어가기 전 내가 꼭 들렀던 곳, 편의
점! 그곳에서 그날 하루 먹고 싶었던 주전부리를 한 보따리씩 샀다.
진짜로 한 보따리를 사서 집에 가져와 머리맡에 놓으며 "자고 일어
나면 먹을 수 있다, 내일 아침에 눈 뜨자마자 먹어야지. 그러니 참
자! 자자!" 그리고 아침이 오면 그 과자들을 전부 열었다. "다 먹지
도 않을 거면서 그걸 왜 다 뜯어놔?" 안 여사는 늘 호통을 쳤지만
난 다 뜯었다. 물론 하나 다 먹고 또 먹고 싶으면 그때 또 먹어도 되
겠지만 그러기엔 먹고 싶은 과자가 너무 많았다. 결국 식탐을 절제
로 합의 본 셈이다. 사탕 한 개, 초콜릿 한 조각, 감자칩 한 개. 그리
고 밀봉해뒀다가 또 그렇게 먹었다. 그러던 어느 날 집에 들어가 보
니 과자를 담을 수 있는 케이스가 눈에 띄었다. 안 여사가 이미 쟤

는 구제불능이란 걸 알고, 준비를 해주신 거다.

지금도 우리 집에는 항상 밀폐용기에 각종 과자가 상시 구비돼 있다. 이본이 과자 케이스를 갖고 있어? 싶겠지만 사실이다. 그리고 매일 손이 간다. 단, 한두 개면 족하다. 디저트 역시, 지나가다가도 다시 뒷걸음치게 만드는 비주얼이지만 적은 양을 시켜 맛보는 정도로 만족한다. 3분의 1 정도면 충분히 먹었다. 맛나 보이는 음식을 뒤로 미뤄둔다는 건 분명 쉽지 않은 일이지만, 그만하면 됐다. 게걸스럽게 먹지 않는다, 왜? 먹고 싶을 때 또 먹으면 되니까.
그 후 몇 년이 지나니 집착도 미련도 간절함도 없어졌다. 한 개씩만 먹는 게 당연한, 자연스러운 행동이 되어버렸다. 이제는 적당히 손대고 돌아서는 게 익숙해졌다.

과자니 디저트니를 떠나서, 무조건 뭘 다 먹어야 한다는 강박에서 벗어나게 되니 식사조절이 쉬워졌다.

이본이
꼭 챙겨먹는 간식

- 공복에 노니주스 한 잔
- 오미자 물
- 발포비타민 물에 녹여 원 샷
- 비타민
- 칼슘
- 알로에 젤
- 코코넛 오일
- 각종 영양제
- 블루베리 과자 1개
- 초콜렛 한 조각
- 젤리, 사탕

🐝 이 본 × 🐝 곽 작 가

B 곽 작가가 말했다.

W "언니 저 요즘 스트레스 받는지
과자를 한 주먹 먹고 또 먹고 그래요."

B 그렇게 말하는데,
많이 힘들었음을 알 수 있었다.

B "요즘 프로그램으로 힘든 건 알겠으나 작가야,
인생 문 닫을 것처럼 먹지는 말자고!
살다 보면 스트레스도 받고 그럴 수 있는 거지.
너는 잘 이겨 낼 거야.
그리고 과자는 내일도 먹을 수 있고,
모레도 먹을 수 있어.
적당히 달리다 밀봉하자!"

W 그녀의 말에 베트남 커피 한 잔이 스쳤다.

언젠가 쌀국수를 먹은 후 그녀가
베트남 커피를 하나 시켰다.
맛있으면 나도 따라 먹어봐야지, 했는데
다 이유가 있다며 하나만 시키잔다.
달고 진한 커피가 나왔고
함께 몇 모금 마시고 난 뒤,
갑자기 그녀가 찻주전자를 들어
호탕하게 글라스에 따랐다.

B "이게 디저트로는 또 굿이지. 기가 막히거든."

W 베트남 커피에 차를 따라서
빨대로 휘휘 저은 다음 내밀었다.
이게 무슨 근본 없는 레시피야,
하면서 한 모금 마셨다.

그런데,

의외로 정말 맛있다!
달달한 커피에 차가 가진 허브향이 더해졌다.
정체불명의 이본 표 커피를 먹다가
이러다 다 먹지 싫어
반을 남기고 내밀었는데,
그녀는 안 먹는단다.

B "달달하잖아. 맛 봤으면 됐어.
다 안 먹어. 가자!"

W 마음 같아서는 원 샷 하고 싶었지만,
적당히 먹으면 숟가락 내려놓는
마른 여자의 허세 같은 걸
함께 한번 부려보자는 심산으로,
일단 따라 일어났다.

먼저 일어나서 멀어져 있던 그녀는

커피를 향한 내 불타는 눈빛을 캐치하고
멀리서 웃으면서
카메라를 들어 사진을 찍었다.
그렇습니다.
저 지금 눈물 날 것 같아요.

다이어트라는 말을
언제까지 달고 살래?

B 다이어트를 실패하는 여자들에게는 공통점이 있다.

먼저, 친구를 당분간 끊는다. 키보드 두들겨 다이어트 식품을 과다 주문하고, 헬스장 등록하고, 그것도 모자라 집에서도 해야지 하면서 운동복에 요가 매트, 짐 볼까지 풀세트로 구입하고, "어제 나름 과식했다"싶으면 오늘은 속 비운답시고 하루 종일 굶는다.

그렇게 해서 다이어트에 돌입한 여자들이 꼭 공통적으로 하는 말들도 있다.

"지금은 참고! 목표치 찍고 2kg만 더 빼면 치킨 왕창 먹어야지."

"50kg대 진입하면 어디 케이크랑 뭐랑 뭐랑 먹어야지..."

"5kg만 더 빼면 내가 다시는 운동 하나 봐라!"

뭐야 이게? 목표를 딱 정해놓고 이 수치 달성하면 나는 다이어트를 그만하겠다는 건데. 결국 목표가 요요? 그럴 거면 다이어트를 왜 하지? 미련하게. 다이어트는 평생 할 수 있는 선에서, 즐거운 선에서, 나를 아낄 수 있는 선에서 해야 한다.

사실 다이어트법, 다이어트에 대한 생각, 다이어트를 하는 목적, 다이어트에 대한 개념 등에 있어서는 각자의 생각들이 무궁무진하기에, 섣불리 말하고 싶지 않은 것 중에 하나가 다이어트이기도 하다. 하지만 나름의 철학은 그렇다는 거다.

오래전 일터에서 만나 지금까지도 꽤 오래 연을 쌓아가고 있는 한 언니가 있다. 한번은 다이어트에 돌입한 이 언니에게 의도치 않게 상처를 안겨준 적이 있다. 먹고 싶은 걸 참아야 하고, 짜놓은 식단은 지켜야 하고, 먹던 걸 계속 먹으니 뭐 맛인지도 모르겠고 극도로 예민해져 있다는 걸 체감하지 못했던 나는, 괴롭다는 말을 연신 내뱉는 언니가 안쓰럽고 답답해서 "언니, 스트레스 받아가며 무슨 다이어트를 하냐"며 "때려치워, 그러다 사람 잡겠다, 뭐 얼마나 빠진다고 그 고생을 하냐"라고 툭 던졌다. 툭 던진 돌에 언니는 상처를 제대로 받았다. "네가 진짜 언니를 위하는 동생이냐?"를 시작으로 그동안 다이어트로 극도로 예민해진 상태에 그간 쌓였던 불쾌감들이 터져 한 방 제대로 얻어맞은 기억이 있다. 다이어트를 하며 스트레스를 받다 보니 급기야 위장에 무리가 와 지금도 위장약을 달고 지낸다.

살이 쪘다고, 맞던 옷이 안 맞는다고, 여름철이 다가오니 비키니를 입어야 한다고. 나름 야심찬 다이어트를 시작했으나 늘 해오던 패턴을 통으로 날리고 새로운 걸 시도하다 보니 예민해지고 스트레스는 가중되고. 이것이 관연 옳은 다이어트일까?

죽기 살기로 목표치 정해서 이건 되고 저건 안 되고 하면서 조여봤자, 그건 평생 할 수 없다. 대단한 각오? 결심? 되려 작심삼일로 끝나게 만드는 경우가 많지 않았던가? 익숙한 생활의 리듬은 살리고 옵션으로 살을 빼는 거다. 그래야 평생 가능하다.

체중을 줄이려면 똑똑하게 줄여보자. 단백질 양을 줄이기보다는 지방 많은 것 위주로 줄여보고, 하루에 세 끼를 다 먹겠다면 음식량을 확실히 줄여보고, 섬유소 많은 건 포만감 때문에 간식을 덜먹게 되니까 챙겨 먹고. 같은 음식을 먹을 때도 좀 더 건강하게 빼거나 추가해가면서 말이다. 믹스커피를 마셨다면 프림을 빼보고 시럽도 빼보고, 같은 우유라면 저지방이나 두유로 바꿔보고, 고기 먹을 때 포만감을 위해 쌈과 함께 먹어보고, 흰 빵 대신 갈색 빵을 선택해보는 것이다.

이런 얘기들을 많이 한다. "이미 고기 3인분 먹었는데, 그래! 냉면도 그냥 먹자!" "회식이래 오늘은 망했다!" 왜 그렇게 다이어트를 모 아니면 도로 하는 것일까? 냉면이라도 안 먹으면 그 칼로리는 안 쌓일 텐데, 회식을 해도 자꾸 의식해서 뭐라도 덜어내려고 하면 될 텐데. 저염식 한다고 아예 소금 끊고, 밀가루 끊고 그러지 않았으면 좋겠다. 그런 건 의지력 있는 사람도 어려운 일인데 평생 몸매 관리하는 게 익숙하지 않은 사람들이 할 수 있다고?

늦은 나이가 되어서도 할 수 있는 식단 조절과 근력 운동이 병행 되도록 만들어야 한다. 그래야 언젠가는 맞이해야 할 끔찍한 나이가 찾아와도 나이에 비해 젊다는 소리와 함께 행복하며 건강하고 예쁘게 살 수 있다.

　평생 함께 갈 몸인데, 폭식하고 급 다이어트하면서 괴롭히지 말자. 제발! 천천히 가야 멀리 갈 수 있다.

곽 작가가 평생 지킬 목표로
몇 년간 유지중인 습관

우리는 어차피 이본이 아니다. 저 언니처럼 독하게 살 순 없지만, 다이어트 후 충격적인 요요 없이 몇 년을 유지한 데에는 나름 지키고 사는 것들이 있다. 언니 앞에서는 내세울 수 없지만 우리끼리는 공유할 만한, 사소하지만 지속하면 보람찬 습관들.

밥 반 공기 먹기 (면은 아직 통으로 먹는 게 함정…)

정확히 표현하자면 밥까지 많이 먹진 말자는 생각이다. 찌개 먹다가 중간에 숟가락 내려놓긴 어렵지만 밥은 심리적으로도 줄이기 쉽다. 칼로리 자체가 줄어드는 것도 좋지만 밥 반 공기를 딱 덜어내고 먹는 습관 자체가 '난 조절하며 먹는 신여성이야! 난 관리하고 있어!' 하고 자기최면 걸기에도 딱 좋아서, 여러모로 지키고 있는 습관.

레몬물 2리터 이상 마시기

일단 물을 신나게 먹어보면 내가 진짜 배고픈 건지 아니면 목마름을 배고픔으로 착각한 건지 잘 알게 된다. 간식이 자연히 줄어드는 신비를 목격하게 될 것이다. 무엇보다 물은 몸에서 쉬지 않고 흘러서 소화 기관을 운동시켜주는 고마운 물질이다. 운동할 시간이 없다면 물이라도 많이 먹자. 레몬이 들어가면 독소 배출을 도와주는 디톡스 효과도 있으니 추천!

집에 있을 때 저녁식사 이후 아무것도 안 먹기

집은 진짜 마성의 공간이다. 라면, 과자는 기본이고 나중에는 냉장고에 있는 호두, 잣, 국물멸치까지 탈탈 터는 내 안의 괴물을 소환한다. 저녁 이후에만 안 먹어도 선방이다. 아직 술 약속은 좋다고 가는 게 함정이지만…. 밖에서 새는 바가지, 안에서라도 막아보자.

카페 메뉴에서 시럽 안 넣기

시럽 한 펌프에 약 30칼로리. 세 번이면 거의 100칼로리. 심지어 몸에 좋지도 않다. 생과일 주스라도 시럽을 빼달라고 부탁해보자.

아무리 배고파도 큰 사이즈 옵션 선택하지 않기

솔직히 짬뽕 곱빼기 그냥 클리어할 수 있다. 쌀국수 라지, 일본 오오모리 라멘 다 해치울 수 있지만, 그러니까 안 시킨다. 어차피 허기를 없애는 건 일반 사이즈로도 충분하다. 대식가 특유의 '배터지게 안 먹으면 지는 거야' 같은 강박을 없애자.

이름있는 다이어트엔
실체가 없다

B 급 다이어트 얘기하니까 생각난다.

황제 다이어트, 소주 다이어트, 원 푸드 다이어트.

유명인이나 특이한 이름 붙여서 화제가 되었다거나 갑자기 떠오르는 각양각색의 다이어트 중에서 몇 년째 꾸준히 오르내리는 게 있는가? 아님 평생 해서 몸매를 유지하고 있다는 얘기나, 지구력이 느껴질 정도로 오래 사랑 받는 다이어트가 있는가?

되려 그게 언제적 다이어트냐며 웃게 되지 않았던가? 기억조차 가물가물한 다이어트가 아니었던가?

우리가 섭취하는 양을 조절하는 게 다이어트다. 몸이 사용하는 에너지원보다 몸 안으로 들어오는 에너지가 많을 경우 살이 찐다. 그러나 사람들은 빠지는 것에만 집중하고 상식적으로 문제가 될지도 모르는 부분은 생각하지 않는 경향이 있다. 물론 푸드 하나를 선택하고 그 외 것들을 먹지 않는다면 당연히 살은 빠지고 단기간 효과를 볼 수는 있다. 중요한 건 유지가 가능한가?이다. 또 극단적인 다이어트는 체지방보다 근육량, 몸의 수분 및 필요한 영양소들이 빠져나가기에 잃는 것이 더 많다. 예를 들어 무리한 다이어트 이후의 고민은 얼굴살이 처지고 깊은 주름이 확연하게 드러난다는 것이다. 즉, 급격한 체중감량을 얻을지언정 반대편에 대한 대가는 어떤 식으로든 치르게 되어있다는 이야기다.

급 실천한 다이어트는 바람 빠진 풍선의 모양과 비슷한 꼴. 그 자리를 근육으로 채우자. 적당한 근력운동이야말로 몸의 라인을 잡아주고 살이 찌지 않는 체질로 바꾸는데 도움을 준다.

오래 지속할 수 없는 한 철의 다이어트는 악마에게 영혼을 파는 것이나 마찬가지다. 몸 어딘가에 문제가 생기거나, 아니면 감량한 것보다 더 많은 지방을 다시 얻게 되거나 하는 식으로….

세상에 공짜는 없다.

Part 4

미
션
임
파
서
블

Mission : Impossible, 1996

" 자 이제 에베레스트산에 깃발을 꽂아볼까. "

✳ 당신은 … 자신에게 필요한 운동이 무엇인지 알고 있나요?

그래, 우린 여자니까
더 힘들지

B 여자들의 흔한 운동 도전 패턴은 이렇다. 헬스클럽에서 그럴듯한 트레이닝 의상을 걸치고 비장한 각오로 목표를 내다보며 의지를 다진 후 스타트! 얼마간은 내뱉은 말에 책임이라도 지려는 듯 막 달려든다.

다음 날 일어나면 온몸은 얻어맞은 것 같이 쑤신다. 아이고, 오늘은 좀 쉬자…. 그렇게 몸에 하루 이틀 휴식시간을 주고 다시 시작된 운동! 평소에 없던 인내심을 다 끌어올려가며 한 2주? 한 달? 체감상으론 1년은 된 듯 운동하던 어느 날, 주위에서 한마디 한다.

"너 운동해? 헬스 끊었다고 하지 않았어?"

뭐라고…? 내가 얼마나 고생하면서 운동하고 있는데.

금방 성과가 안 나타나니, '와, 너 몸이 좋아졌다!'는 말을 듣기란 만무하다. 쉽사리 근력들은 생겨나질 않고, 근육들은 '좀만 더 해주면 그때 나갈게요.' 하고 있고. 그게 대체 언젠데? 에이 못 해 먹겠어, 너무 재미없어, 나랑 안 맞아 하면서 그만두게 되는 여자들 수두룩하다. 뭣 모르는 이들은 이렇게 그만두는 여자들에게 끈기가 없다고 하지만 사실은 다 원인이 있다.

여자들은 여성호르몬의 분비가 많기 때문에 남자들보다 원래 운동하기 더 힘들다. 남자들은 조금만 운동해도 근육 펌핑도 잘 되고 바로바로 근육들이 기억을 하고 살아난다. 그러니 거울 보며 더 열의에 차 그 지루한 반복을 또 하고 또 하고 한다지만, 그런 남자들과는 달리 여자의 몸은 운동을 해도 근육이 기억을 잘 못하고, 일시적으로나마 눈에 보이는 효과도 떨어진다.

또 여자들은 학교 다닐 때만 떠올려봐도 남자애들처럼 점심시간에 공 차고 야구하고 뒹굴면서 자라지 않으니까 운동 자체에 익숙하지 않다. 나이가 더해지면서 활동적인 것보다는 앉아서 하는 것들을 선호하고, 그러다 필요성을 느껴서 운동을 하더라도 초반이라면 더더욱 근육량도 부족하니 비장하게 마음먹지 않은 이상 쉽지 않을 수밖에, 운동할 맛이 안 날 수밖에.

결론은 시작도, 계속 이어가는 장기전도 여자가 더 어렵다. 게으르고 나태해서 운동을 오래 못하는 게 절대 아니다. 그러니 너무 욕심내지 말자!

여자에게는 그만한 배경과 이유가 있으니 급할 게 없다.

시작이 반?
여자의 운동에는 시작이
Everything

_B_ 하루는 곽 작가가 시무룩한 표정으로 몇 가지를 묻는다.

_W_ "언니, 스쿼트 50개만 할 거면 안 하는 게 낫다면서요?"
"런지 자세 안 좋을 수도 있으니까 혼자 할 거면 관두는 게
낫다면서요?"
"정거장 하나 걸어가는 정도는 티도 안 나니까 그냥 택시
타라던데."

_B_ 왜 이렇게 운동하는 여자들 기를 죽이는 걸까? 마치 한번에 정
상에 가지 않을 거면 아무것도 하지 말라는 듯이. 누워만 있던 아기
한테 갑자기 뛰라고 할 수 있을까? 이제 막 한글을 배우는 아이에
게 완벽히 소설을 쓰라고 할 순 없지 않느냔 말이다. 하루 종일 누
워서 티비만 보던 애가 슬리퍼 신고 놀이터 한 바퀴를 돌아도 거기
서부터 뭔가 분명히 달라진다. 필라테스 파워 플레이트같은 대단한
장치는 없더라도 집에서 생수병이라도 들어 올리면 뭐라도 나아진
다. 움직이는 버릇조차 없는 여자들에게 뭔가를 시작한다는 게 얼
마나 중요한지 운동 베테랑들은 모른다.
요즘같이 정보가 터져나는 시대에, 누구나 다이어트에 관한 책
한 권은 쉽게 쓸 수 있을 거다. 문제는 앉아서 검색만 한다는 것이

다. 혹하는 헤드라인의 다이어트 기사는 죄다 클릭해보고, 이런 게 좋구나, 저런 게 요즘 유행이구나 하면서.

마음은 당장 머리 질끈 묶고 한강으로 달려 나가고 싶고 요즘 SNS에서 유행한다는 운동 종류별로 해서 인증샷도 찍고 싶은데, 어떻게 시작해야 하는지를 모른다. 당장 육상 트랙에 자세 잡고 서야 할 것 같은데, 준비자세가 뭐가 맞는지부터 헷갈려서 자신감이 떨어진다. 그러다 보니 항상 무기력하고, 일상만으로도 피곤하고, 스스로가 운동치라고 생각한다.

W 맹세하건대, 이본이 만약 내게 "작가야, 당장 집에 가서 유산소 30분에 스쿼트 100개 하고 와 봐." 했으면 나는 살던 대로 살았을 것이다. 내가 지금껏 몇 년간 운동을 지속할 수 있는 건 그 날 '유난스럽게 뭐 하지 말고, 아파트 계단 한 번 올라가 봐' 하던 그녀의 말을 듣고 아무 생각 없이 계단을 한 번 올라본 경험 때문이다. 이게 되네, 이 기분이 나쁘지 않네 하고는 다음날도 올라가고, 이왕 이것도 하니까 저것도 해볼까 하면서 운동 패턴을 조금씩 바꿨다. 그리고 지금은 뭘 하든 일단 하루에 어떻게든 몸을 움직이는 원칙은 지키면서 지낸다. 그 모든 게 시작이 쉬웠기 때문이다.

너의 운동은
따로 있어

_W_ "언니, 운동 그렇게 좋아하시면 철인 3종 경기 이런 것도 한
번 해 보시지."

_B_ "뭐라고? 진짜 싱거운 여자다 너! 그걸 내가 어떻게 해?"

_W_ "왜요? 언니 운동 좋아하잖아요. 잘하고."

_B_ "진짜 운동선수들이 들으면 웃겠다."

_B_ 여기서 잠깐 내 개인적인 생각을 적어보면 이렇다. 4년마다 열
리는 올림픽에 몇 회에 걸쳐 나오는 선수들이 있다. 그 선수들의 경
기를 보면 매력에 흠뻑 빠져 팬이 되어버리고 만다. 다음 해 올림픽
에 그 선수가 어김없이 나오면 너무 반갑고, 대단하다, 놀랍다, 경
이롭다 등 내가 할 수 있는 존경의 멘트들은 다 해가며 응원한다.
은퇴했다는 소식이 들리면 하루 종일 시무룩해질 정도로 맥 빠지는
경험을 한 적이 여러 번이다.

열정적으로 내가 응원을 하는 이유는, 오랜 기간이 지나도 체력
을 유지하고 그때보다 향상된 컨디션으로 나와 매번 경기에 임할
수 있는 것 자체가 말이 쉽지 직접 겪어보지 않는 한 알 수 없는 고
통일 거란 확신 때문이다.

가끔 운동에 관한 명언이나 칼럼을 우연히 보게 되는데, 그중
에서 '정말 죽을 정도로 하는 운동'에 대한 내용을 보면 가슴이 아

프다. 피트니스센터에서 같은 동작을 미친 듯이 반복하고, 하루 100km씩 사이클을 뛰고, 복싱을 끊어서 하루에 네 시간씩 체육관에서 보내고… 그렇게 '빡세게' 운동하는 사람들을 보면서 운동자극을 얻는 사람들도 많다. 하지만 내가 하고픈 얘기는 운동이 자신의 업이 아닌 보통의 일반인이 그렇게 운동을 하면 몸을 한번에 망가뜨리는 지름길이라는 것이다.

운동선수들은 전문가들이 붙어서 운동 전후는 물론 식단까지 완벽히 조절을 해 주는 상태에서 저, 중, 고강도로 운동을 한다. 심지어 그렇게 운동을 하더라도 은퇴 후 관절염이나 근육 노화로 고생하는 선수들도 많다. 다들 운동은 무조건 많이 할수록 좋다고 생각하지만 우리 몸이 적응하고 회복할 수 있는 강도를 벗어나면 안 하느니만 못하다는 뜻이다. 근육통은 물론이고 아무리 쉬어도 피곤한 만성 피로, 관절 손상까지 찾아온다. 숨이 턱까지 차오르도록 웨이트를 하는 사람이 가진 초콜릿 근육은 매력적이지만, 고강도의 지나친 운동은 활성산소를 몸속에서 과하게 발생시켜서 노화가 빨리 진행될 수 있다. 정말 공포스럽지 않은가?

한 살 더 어려 보이려고 과도하게 화장으로 덮다가 결국 그 아래 있는 피부가 상하기 시작하면 돌이킬 수 없듯이 운동 역시 있는 것을 잃지 않는 선에서 해야 한다.

즉, 사람은 근육량과 체질이 다 다르니 자기 몸에 맞는 운동을 해야 한다! 자신의 몸에 대한 자가진단이 정확하지 않았다면 운동을 해도 오래 지속하지 못하고 힘들기만 하고 고통스럽고⋯. 그렇게 안 좋은 기억이 자리 잡으면 결국 운동을 접게 되는 것이다.

그리고 이 타이밍에 한 가지 전하고픈 게 있다. 열심히 나름 한다고 했는데 비슷한 일이 생겨 나처럼 당황하지 않았으면 하는 맘에서⋯. 언젠가 전 날까지도 멀쩡하던 목이 자는 동안 자세가 안 좋았는지 움직이지도 못할 정도로 아파와 어! 이런 황당한 경우가? 이럴 땐 어찌해야 하지? 어딜 가야 돼? 꿈쩍도 못하겠는데⋯ 하며 상당히 당황스러웠던 적이 있었다. 마침 집에 가족들이 있었기에 망정이지, 엄청 난처하고 괴로웠던 순간이었다. 그때 나는 통증의학과를 찾아갔다. 저 잠을 잘못 잤나봐요 했더니 양 선생님 왈, 그런 것도 있겠지만 과부하의 결과이기도 하다고, 기계도 많이 사용하면 고장 날 날이 오듯이 사람도 마찬가지라며 될 수 있으면 스트레칭을 자주 하고 몸을 아끼라고⋯. 아낀다고 아꼈는데도 그동안의 과로가 쌓였나 보다. 이렇게 나처럼 몸에 예상치 못한 순간들이 찾아올지 모르니 어떤 상황에서 어디를 가야 하는지, 내 몸을 위해서라도 알아두자.

참 재미없는 단어,
운동

B 뭔가 제대로 된 운동 기분을 내고 싶은데 나의 저질체력이 걱정이라면? 그런 이들에게 댄스를 추천한다. 몸을 움직이는 재미를 알기에 댄스만큼 손쉽고 좋은 것이 없다. 당장 무거운 걸 들지 않아도 되고, 혹독하게 같은 동작만 반복하는 일도 없으면서 무엇보다, 즐겁다.

게다가 어쩌다 친구들과 클럽이라도 가게 되면 배운 걸 시도함으로써 자신감도 업되고, 그만한 동기부여가 없다. 그렇게 "몸을 움직이는 즐거움"을 알기 시작하면 그 다음은 쉽다.

운동을 안 하던 사람이 갑자기 헬스장에 가서 사방이 거울로 된 폐쇄된 곳에서 우락부락한 사람들을 사이에 두고 덥고 후끈한데 운동을 해야 한다고 생각해보라. 어떤 기구를 어떻게 사용해야 하는지도 모르겠고, 기구 앞에 앉기는 앉았는데, 어떤 자세로 어떻게 하나…, 눈치 보면서 대충 어정쩡한 자세로 하다 보면 이상한 데가 뻐근하고, 몸도 마음도 만신창이가 되는 느낌. 괜히 자신이 가라앉고, 이렇게까지 내가 개고생하며 운동을 뭐하러 해? 관두자! 안 하련다! 그렇게 운동에 질려버리면 멀어지는 건 한순간이다.

그래서 나는, '경쟁하게 되는 운동'으로 시작하지 말라고 한다. 사회생활도 경쟁인데 운동하면서까지 그런 느낌 받지 말라고. 대신 등산, 조깅, 걷기처럼 혼자서도 압박감을 안 느낄, 맘 편하게 할 운동을 하라고 추천하는 편이다.

일단 밖으로 나가서 쉽게 접근할 수 있는 것부터 하는 것이다.

그러면서 운동의 재미를 알게 될 때쯤 강도를 높이는 센스! 그렇게 해나가면 자연스레 점점 운동 수준이 비슷한 사람들과 운동하게 되고, 그게 쌓이면 운동으로 스트레스를 해소하며 건강한 생활을 즐기는 멋진 여자로 등극하게 되는 것이다.

어느새 나도 그때 멋있게 달리던 그 누군가처럼, 기구 앞에서 멋진 자세로 운동을 하던 멋진 여자가 되어 있을 것이다.

_W_ "저도 다음에 한강 주변으로 이사 갈까 봐요. 집 주변에 뛸 만한 공원 하나 있으면 참 좋겠어요. 퇴근길에 뛰는 거 보면 참 부러워요. 저는 집 주변에 한강도 없고 집에 가면 늦은 시간이고…, 걷는 거를 밖에서 늘리려고는 하는데 대중교통도 아니고 차로 출퇴근을 하니까 그것도 어려워요."

_B_ 이 얘기를 들을 때 생각했다. 이게 너무 부럽고, 이것은 없고, 이러면 좋겠는데 난해하고, 이렇게 하려니 차를 가지고 다니고…. 작가야 핑계도 많다! 그렇게 늘어놓기만 할 일인가? 어려운 일이 하나도 없건만. 집에 가는 길, 한강에서 뛰는 사람들이 부럽다고 이사

를 갈 게 뭐 있어. 그냥 차 세우고 내려서 너도 같이 뛰면 되지. 트렁크에 운동복하고 운동화 넣어가지고 다녀.

나는 촬영이 생각보다 일찍 끝나거나, 징검다리 스케줄이 있어서 시간이 뜨거나, 아니면 하루 일과 끝날 때 한 바퀴 돌고 싶거나, 날씨가 좋거나, 아니면 생각이 많거나, 내가 거만해지는 것 같거나. 그럴 때 언제든지 뛸 수 있게 그냥 차 트렁크 안에 운동복하고 운동화를 넣어둔다. 그랬더니 꺼낼 일이 꽤 생긴다.

자연스러운 생활 속에서 운동을 찾아서 해야 한다. 뭐 스트레칭할 시간도 없어? 스트레칭도 시간을 꼭 내야 하나? 편한 복장에 공간만 있으면 할 수 있는 거 아닌가? 아님 샤워하며 하는 스트레칭도 굿인데. 남는 시간을 멍하니 버리면 뭐하나. 영화나 드라마를 보면서도 얼마든지 할 수 있다. 친구들과 만나서도 간단한 도구 하나면 뭐라도 할 수 있고, 양치하며 스쿼트, 자기 전 천장으로 다리 올리기 등… 하려면 뭐든 할 수 있다.

내가 계단 오르기를 선택한 것도 운동을 하러 어디를 가야 하니 귀찮다는 말조차 꺼낼 수 없게 하기 위해서였다. 핑곗거리가 없다. 지금껏 19층을 걸어 올라오며 마주친 사람이 단 한 명도 없을 정도로 혼자 하기 편하고, 샤워하기 직전 엘리베이터 타고 내려갔다 올라오면 끝날 만큼 쉽다.

　　습관적으로 자꾸 몸을 움직이는 게 중요한 이유는 그게 '평생 운동하는 여자'로 살게 해 주기 때문이다. 내내 누워 있다가 정해진 시간에 PT를 받고 오는 사람은 그 PT를 그만두는 순간 평생 운동할 일이 없어진다. 집에서도 이리저리 움직이는 습관이 없다 보니 운동하지 않을 때 오는 찌뿌듯한 느낌도 모른다. 자연히 다시 인생에서 운동이 멀어진다.

신경 써보자, 숨쉬기 운동

숨 쉬는 건
자기관리와는 거리가 먼 것처럼
이야기하는 이들이 있다.
하지만 스트레스는 폭식의 원인이고,
현대인은 말 그대로 '숨만 쉬어도'
스트레스를 받는 환경에 노출돼있다.
마음먹고 제대로 숨만 쉬어도 삶의 질은 나아진다.
요가, 필라테스, 유산소운동, 웨이트….
이 모든 운동의 숨겨진 핵심은 호흡이고,
실제로 심호흡만 잘 해도 모세혈관까지 느슨해지면서
피로물질이 사라지고 혈행이 좋아져 혈액순환까지 돕는다는 점!
그야말로 "빡치고" 답답해지는 순간
자기도 모르게 한숨을 내쉬는 데에는
다 나름 이유가 있었던 것이다.
그러니 그렇게 되기 전에
알아서들 심호흡을 생활화하시길.
말 나온 김에 지금 해 볼까요?
후~ 하!

운동 좀
제발 혼자 하자

__W__ "언니, 운동 어디서 하세요?"

__B__ "왜 물어?"

__W__ "가끔 같이 하면 좋잖아요~"

__B__ "같이? 어휴~ 됐어. 혼자 할 거야. 난 운동은 절대 누구랑
같이 안 해."

__W__ "아 왜요~"

__B__ 언젠가 선배와 지금처럼 운동 얘기를 하다가 근력이 없는 게 느
껴진다며 같이 운동을 하자는 제안을 받았어. 생활 패턴도 비슷하
고 해서 주저 없이 콜 했지. 딱 일주일 하고 나니까 "오늘 컨디션이
안 좋다" "내일 가자" "급 약속 생겼다" "집안에 일이 생겼어~"

근데 이게 웃긴 게 뭐냐면, 의지력도 강한 편이고 원래 알아서
운동 잘 하던 나인데… 덩달아서 컨디션이 안 좋은 것 같고 꾀가 나
고. 에라 모르겠다! 안 가게 되더라고. 한 번 그러고 나면 다시 운동
을 시작하기가 참 맥 빠져. 혼자 운동에 재미를 붙이기까지 시간이
꽤 걸린 경험이 불현듯 생각난다.

'다신 누구랑 운동 하나 봐라' 해놓고도 그 뒤 몇 번 하긴 했는
데, 결과? 마찬가지다! 어쨌거나 사생활도 소소하게 다르고 각자
스케줄이 있으니. 운동을 함께 할 수 있는 벗을 만나기는 어렵다에

망설임 없이 한 표!

　그리고 곽 작가! 그대 살짝 위험한 스타일인 거 알지? 너무 과하게 낙천적이고 사람 좋아하고 술 좋아하고. 급 약속에 운동 빼먹을 전형적인 스타일이야. 그러니 혼자 하는 재미를 붙이라고, 안 그럼 너도 다 놓고 안 하게 되니까. 운동 파트너 찾지 마. 꼭 혼자 하자! 알았지?

그래서 곽작가가 찾은 해법,
온라인 운동 메이트

혼자 할 수 있는 운동은 무궁무진하다. 요가, 크로스핏처럼 센터에 다
니는 운동부터 집에서 할 수 있는 사이클, 러닝머신, 덤벨 운동도 있
고…. 최근에는 세계적인 트레이너들이 카운트까지 함께 세 주는 유
튜브 영상을 보면서 하는 운동도 인기다. 다만 그걸 지속해나갈 자신
이 없어서 자꾸 누굴 꼬시는 거라면? "온라인 운동 메이트"를 추천한
다. 말 그대로 온라인 모임(밴드나 단톡방)으로 모여서 서로 감시(?)
와 응원을 하는 거다. 매일 운동 인증을 해야 하는 규칙과 패널티가
있어서 나름의 채찍질도 된다. 온라인이라 세계 어디서든 할 수 있다
보니 우리 멤버 6명 중에선 네팔에서 요가 인증을 하는 친구도 있다.

온라인 운동 모임 운영방식

- 이번 주의 당번이 자정이 지난 시간에 그날의 제시어를 올린다.
  예) "이본"
- 멤버들은 "이본"이라는 제시어를 적은 쪽지를 들고 운동량을
  알 수 있는 인증샷을 올린다.
- 너무 바쁠 경우 Off를 쓸 수 있다. 주 3회까지 가능
  (생리 Off는 월 2회 추가 가능)

운동 메이트와 더불어 내게는 '온라인 몸무게 메이트'가 하나 더 있다.
같은 시즌에 다이어트한 친한 작가 동기인데, "우리 그럼 서로 몸무게
매일 감시할까?" 하고 우스갯소리로 시작한 게 현실이 됐다. 눈 뜨자
마자 공복에 다 벗고 잰 몸무게 숫자를 스마트폰으로 찍어 메신저로

보낸다. 혹자는 몸무게에 집착하지 말라고도 하지만, 나는 무조건 동의하기 어렵다.

날씬한 여자들이 근력운동을 하면 몸무게가 늘어나더라도 사이즈는 줄어드니 개의치 말라는 게 우리 같은 일반인(?)에겐 쉽지 않은 얘기다. 처음에는 체중이 줄어들어야 동기부여가 되고, 그 다음에 근력으로 다듬는 게 심리적으로도 맞는 순서니까. "몸무게를 치우세요!" 한다고 정말로 치웠다가는 또 자포자기한 상태로 긴장감을 잃기 쉽다.

다음 날 아침 몸무게를 보내야 한다는 생각이 있으면 과식 후 밤 운동이라도 하게 되고, '뭐 얼마나 늘겠어?' 하고 먹으면 다음날 실제로 늘어난다는 걸 깨달으면서 자연히 조절하게 된다. 요즘은 정상식을 하면서 가끔은 폭식도 하지만, 기준 몸무게에서 1~1.5kg 정도 차이가 나기 시작하면 일단 정상 몸무게로 다시 돌려놓으려고 노력하지 연타로 무작정 먹는 습관은 없어졌다.

가끔 긴장감이 없어진다 싶으면 3주간 매일 몸무게로 인증하고 첫날과 마지막 날 몸무게를 비교해 덜 뺀 사람이 밥 사주기 내기도 했다. 우린 그걸 시즌제 다이어트워라고 부른다.

내 다이어트를 도와준 3대 은인을 말하자면 첫 번째는 물론 이본 언니고, 운동을 계속하게 해준 운동 모임, 그리고 세 번째가 바로 이 몸무게 메이트다.

시작할 당시 나는 뷰티 프로그램을 하고 있어서 동기부여가 쉬웠지만 먹는 게 일인 쿡방 작가를 하면서도 자비로운 페어플레이를 보여준 그녀에게 이번 기회에 고마움을 전하고 싶다. 지혜야, 고마워!

그럼, 이본은?

B 운동? 나는 전처럼 헬스를 열심히 하지 않는다. 등산도 찾아서 다니지 않는다. 복근을 숨긴지도 오래다. 다만 어느 순간 보면 몸이 스스로 알아서 스트레칭을 하고 있다. 한 20분 정도 소요되는 이완 스트레칭에, 처음에는 10분 정도 걸렸는데 이제는 대략 4분 걸리는 19층 계단 오르기! 노래 한 곡을 벗 삼아 오르면 든든한 허벅지의 떨림이 느껴진다.

또 작정하고 걷는 빠른 걸음, 해먹 안에 쏙 들어가 있는 시간이 제일 끌리는 플라잉 요가, 머신에 올라 변변찮게 걷는 무한 걸음보다는 짧은 시간에 최대 운동 효과를 낼 수 있는 버피테스트가 전부이고, 골프와 스쿠버다이빙이 요즘 즐기는 레저이다.

지금은 최대한 관절을 아끼고 근력을 키우는 게 목적이다. 예전과 다르게 몸을 가꾸는 동시에 건강에도 좋은 운동들이 속속 드러나고 있다. 스피닝, 필라테스, 플라잉요가, 폴 댄스, EMS트레이닝 등 복식호흡으로 마음의 안정을 찾고 전신운동을 찾아서 하는 요즘이지만, 나는 그냥 일주일에 두 번 정도 피트니스에 들러 대 근육만을 위한 운동을 하고 있다. 등, 힙, 허벅지. 코어운동이 그것이다.

근육들이 힘을 내는 원천이기도 하고 일단 습관이 되면 쉽게 지치지 않고, 활력이 생긴다. 대 근육 위주로 운동을 하면 기초대사량도 올라가니 같은 양을 먹어도 살도 덜 찐다. 복근, 기립근, 힙, 대퇴

부 운동에 유연성을 더하면 탄력 있는 몸을 유지할 수 있다. 또 평소 대 근육 운동을 잘 해 놓으면 팔, 다리 등 부위적으로 살려주는 건 추가로 얼마든지 가능하다.

다시 말해 건강과 아름다움을 위해 근력 운동은 꼭 필요하고 전체적인 태 역시 대 근육이 잘 받쳐주어야 만들어진다는 것이다. 마지막으로 좌우 밸런스를 맞추는 노력도 잊지 않는다. 이게 전부다. 나는 이걸 꾸준히 할 뿐이다.

아침

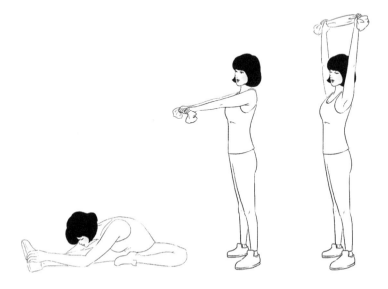

유연 스트레칭

스쿼트   힙업 운동

저녁

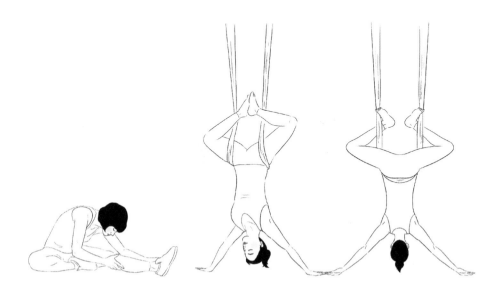

유연 스트레칭   플라잉요가

플랭크   힙업 운동

Q 항상 강조하는 스트레칭! 어떤 걸 해요?

목

손목   어깨

무릎

허리풀기

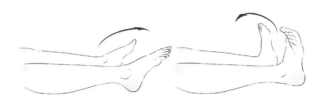

발목

Q 계단 오를 때 조심해야 할 게 있다면?

단층일 경우는 상관없지만 나처럼 고층일 경우
한 방향으로 계속 돌며 올라 가야 하기 때문에
안 오르다가 오르는 사람들은 일단 어지럽다.
그럴 땐 올라가다가 중간에 반대 방향으로
한 바퀴 돌고 오르는 방식으로 하면
처음 할 때의 어지러움을 막을 수 있다.
또 하나, 처음 계단을 오른다면
무릎의 힘으로 올라가지 말고 복근과 허벅지 힘을 써야 한다.
힘들다고 무릎으로 짚듯이 오르면
무릎관절에 무리가 가므로 안 오르느니만 못하다.
코어 즉 중심에 힘을 모으고 바른 자세로 올라야 한다.
내가 올바른 운동을 하고 있는지
궁금하다면 손으로 만져보면 된다.
허벅지에 힘이 실리지 않는다면,
엄한 부위에 힘을 쓰고 있다고 보면 된다.
비단 계단뿐만이 아니고 어떤 운동이든
제대로 하고 있는지 어디에 힘이 들어가는지 궁금하다면
손으로 만져봐서 체크하며 운동하길 권장한다.

이때 함께하면 좋을 것들?
이어폰과 휴대폰에 담긴 좋아하는 노래 한 곡!
처음에는 노래 3곡 정도가 필요했지만,
하다 보니 2곡으로 줄고,
지금은 노래 1곡이 끝나면
난 19층에 도달해 있다.

게으름 끝판왕,
곽 작가가 정착한 운동

W 게으른 거 1등인 내가 운동을 지속하기란 정말 쉬운 게 아니었다. 계단 몇 번 오른 건 좋았는데, 본격적인 운동을 하려고 할 때가 고역이었다.

그래서 누구보다 잘 알게 된 사실. 운동 습관을 들이고 살고 싶다면 먼저 자기가 어떤 사람인지 빨리 파악해야 한다.

일단 나는 한 번 집에 들어오면 잘 안 나간다. 스마트폰 중독자고, 하루 종일 TV를 보고 외국 방송도 다운받아 보는 영상 덕후다. 어릴 때부터 빈혈도 있었고 근력 없기로는 최고라서 갑자기 근력운동을 격하게 한다거나 버티는 운동에도 소질이 없다. 그러면서도 좋아하는 영화를 케이블 TV에서 하면 정신 팔려서 몇십 분이고 볼 때도 있을 정도로, 한 마디로 정신 팔 거리가 있어야 선 채로 뭔가를 지속할 수 있는 성격이다.

그래서 일부러 계단 올라가기 직전에 단체 채팅방에서 수다를 시작하거나 짧고 재미있는 유튜브 클립을 보기 시작했다. 특히 유튜브는 좋아하는 유튜버 몇 명이 일주일에 하나, 7분 정도 길이의 영상을 제작해서 올리기 때문에 일부러 계단을 오를 때 보려고 안 보고 킵해두기도 했다. 막상 계단을 올라가 보면 20층 정도는 5분이면 오른다. 정신 팔려서 보고 나면 금방 꼭대기여서, 엘리베이터를 타고 집으로 가거나 체력이 좋은 날은 하나를 더 틀어서 한 번을 더 올라갔다.

그보다 좀 더 길게 할 수 있는 유산소 운동을 하려고 여러 가지를 시도했는데, 집순이 겸 방순이인 나의 특징을 고려해서 실내사이클을 샀다. 그리고 아침에 일어나서 연하게 아메리카노를 한 잔 타서 먹은 후 눈곱도 안 떼고 공복에 30~40분씩 돌렸다.

이것도 재미있게 하기 위해서 일부러 전용 드라마 시리즈를 정해놓고 사이클 돌릴 때만 한 편씩 봤다. 미국, 영국 드라마 중에서 듀레이션이 50분 정도 되는 것을 골라서 시작할 때 틀고, 끝나면 킥백 같은 간단한 근력운동을 하거나 스트레칭을 하면 한 편이 지나가 있다.

집에서 요가나 스트레칭을 할 때는 앞만 보는 게 아니라 시선을 움직여야 하기 때문에 앉은 자리에서 화면에 큰 변동 없이 방송하는 토크쇼 같은 것을 틀어놓곤 했다.

킥백이나 브릿지, 스쿼트 같은 단순 반복 근력운동을 할 때는 각각 템포에 맞는 음악을 틀어두고 횟수보다는 곡에 맞춰서 했다. 물론 내 운동법은 정답이 아니다. 요점은 각자 자기 성격에 맞게 운동을 해야 관두지 않고 지속할 수 있다는 거다. 언니가 말한 어르고 달래서 운동을 시키는 걸 나 자신에게 적용하는 거다.

'오구오구 지겨워서 사이클을 못 타시겠어요?' 하면서 볼만한 드라마를 주말에 골라보고, '저녁에 오래 뛸 시간이 없으세요?' 하면서 공복 유산소 운동으로 저녁 운동을 대체해보고. 아직 근력운동은 익숙하지 않아서 약한 것들 위주로 하고 있기는 하지만 조급하게 생각하지 않고 재미있는 선에서 끊지 않고 운동을 지속하는 중이다.

그렇게 점점 운동하는 여자 대열 진입에 가까스로 성공했다. 이렇게만 했어도 10kg가 넘게 빠진 체중을 유지하면서 맛나게 먹으면서 살고 있으니 이 정도면 기특하다. 잘 하고 있어!

내가 운동으로
스트레스 푸는 인간이 되다니

_W_ 운동을 본격적으로 시작하기 전, 나의 스트레스 해소법은 혼자 영화를 보거나, 맛있는 것을 먹거나, 술을 먹거나…. 어쨌거나 생각을 분산시키기 위해 뭔가를 정신 없이 하는 것이었다.

그렇게 해도 다 안 풀리는 스트레스에 운동하는 고통스러움까지 더하면서 살고 싶지 않았다.

그래서 "나는 날씬하진 않아도 뚱뚱하지도 않은데? 굳이 운동까지 하면서 혹독하게 안 살아"를 주창하며 살아왔다.

그러던 중 언니를 만나 '운동은 스트레스 받는 것이 아니며 즐겁게 살자고 하는 것'이라는 것을 매우 세뇌(?) 당하기 시작하면서 조금씩 운동을 시작하게 되었다. 이미 예전에 피트니스클럽을 야무지게 끊었다가 러닝머신이 지겨워 그만둔 적이 있기 때문에, 이번에는 목적지를 정하고 걸어가는 일을 시작했다.

당시 사무실이 여의도, 친구네 와인 바가 상수동에 있었는데 일이 끝나면 서강대교를 지나 상수동까지 걸었다.

그리고 알게 됐다. 몸을 움직여야만 풀리는 스트레스라는 것이 실제로 있다는 것을.

일에서 스트레스를 받은 날 술 마시러 가는 길에 양심상 걷자-고 시작했는데, 서강대교 끝에 닿을 즈음에는 기분이 한결 나아졌다. 밤 불빛들을 보면서 그렇게 걷다 보니 하루 종일 씩씩대게 만들던 문제들이 생각보다 대수롭지 않아졌다.

그리고 와인 바에 도착해서는 친구와 오늘 있었던 일을 시시콜콜 이야기하다가 "뭐 별일은 아니야. 내일 정리하면 돼." 하고 한 잔에 일어나는 나도 발견했다. 그리고 나서 돌아오는 길에, 그렇게 걷고 건강하게 돌아온 나 자신을 칭찬하면서 내일도 또 뭔가 힘들어지거든 걸어보자는 다짐도 하게 되었다.

그러면서 슬슬 구분하게 됐다. 어떤 스트레스는 술을 진탕 먹고 잊어버려려야 하지만, 생활 속에서 일어나는 자잘한 힘든 일들은 의외로 운동이 대수롭지 않게 만들어주기도 한다는 것을.

또한 나는 여전히 주장하고 싶다. 반대로 운동으로만 안 풀리고 술로만 풀리는 스트레스도 있다는 것을! 언니가 술을 안 드시니 믿어주지 않겠지만 말이야.

Part 5

뷰
티

인
사
이
드

The Beauty Inside, 2015

" 오늘은 여기까지 "

✱ 당신은⋯ 예뻐지기 위해 무엇을 하나요?

혹하지 좀 마,
스무살 같이

W "언니 글쎄 xx사 비타민이 그렇게 좋대요. 하나도 안 피곤하
대요. 언니 그거 한 번 드셔보세요!"

B "너나 많이 먹어라."

W "왜요~ 저희 팀 공구한다고 지금 난리 났는데."

B "곽 작가 나이쯤 되면 남이 뭐 좋단다 해도 혹하지 말아야
되는 거 아니냐? 꾸준히 뭘 해야지. 집에 비타민제 없어?
있을 텐데. 너무 많아 깜짝 놀랄 텐데. 그건 다 먹고 있어?'

W "아뇨. 잘 안 먹지."

B 누가 좋다고 해서 사고, 쟁여 놓은 거 비타민 말고도 많을 거다.
꼭 어느 날 갑자기 발견해서는 "아 이게 있었네" 그리고 유통기한
찾는다. 그리고 한 마디 한다. "유통기한 지났네. 이럴 걸 꾸역꾸역
사서 이 꼴이라니."

　혹해서 이거 사고 저거 사고 꾸준히 먹기도 전에 다른 데 귀 열
리고. 그러는데 무슨 효과를 바라냐고. 비타민 좋지. 꼭 섭취해야지.
코코넛 오일 좋고 다 좋아. 결국 꾸준히 먹는지가 관건아닌가?

W 이본 언니처럼 오랜 기간 자기관리를 잘 해온 동안 연예인들
에게는 공통점이 있다. 추천하고 싶은 획기적인 제품이 없다는 것.

"이 바닥에 20년을 있어보니 안 써본 게 없는데, 결국 얼굴에 맞으면 장땡이고 화장 잘 지우는 게 최고더라"라는 거다. 그러나 10년 이상 하고 있는 자기만의 습관이 있는 것만은 확실했다.

그중 공통적인 것들이라면 화장 지우기, 물 많이 마시기, 스트레칭 빼놓지 않고 하기 같은 것들, 우리가 모두 알고 있던 것들. 관리 잘 된 언니로 나이를 먹느냐 마느냐는 획기적인 노하우를 아느냐의 문제가 아니라 10년 이상 꾸준히 해내느냐의 문제라는 것.

이쯤에서, 이본이 10년 이상 하면서 검증한 현실 관리법들!

리 얼
팩

노화방지, 영양공급에 최고! 〈노른자 허니오일팩〉

달걀노른자는 거칠고 탄력 잃은 피부에
보습과 영양 공급에 제격이다.
일주일에 2회, 거의 8~9년째 하고 있다.
얼굴 전체와 목에 발라주고, 남으면 손등까지!

—

재료 달걀노른자 1개 / 올리브오일 1티스푼 / 꿀 티스푼 1티스푼

/ 발사믹 식초 약간 (얼굴에 뽀루지가 없을 경우 빼도 상관없다.)

피지 조절, 재생에 좋은 〈달걀흰자팩〉

달걀흰자에는 아미노산이 풍부해 피지, 각질, 블랙헤드 제거는 물론,
모공을 조여주고 여드름을 완화하며 피부 재생 효과까지 도와준다.

—

재료 달걀 흰자 / 레드 와인 한 스푼 / 밀가루

먹고 바르고! 〈노니팩〉

비타민, 미네랄의 함유로 피부미용, 피부 노화에 도움을 주고
몸속 세포 재생에 탁월한 제로닌이 다량함유 돼

병든 세포를 되살려 준다고 하니 먹고 바르고 뿌리고!
일석삼조! 노니 원액에 밀가루를 넣고 섞고 걸쭉해진 노니 팩을
얼굴에 얹어주면 끝!

–

재료 노니 원액 / 밀가루

야외 운동 후에는 잊지 말고 〈감자팩〉

조깅, 걷기, 골프, 스쿠버다이빙을 즐기는 나는
햇빛에 노출 되는 시간이 많다.
특히 여름에는 감자 갈기 바쁘다.
감자의 아트로핀 성분이 진정효과를 주고,
감자에 담긴 비타민성분에는 화이트닝효과도 있다.
감자를 갈고 꿀, 밀가루를 약간 첨가하면 된다.

탄력, 수분 UP! 〈초간단 올리브 오일팩〉

탄력을 잃어가는 피부에 수분까지 공급해주는 올리브 오일팩.
올리브 오일을 바르고 방치했다가
따뜻한 수건으로 살살 제거하면 된다.

선물용으로도 GOOD, 〈천연 바디 스크럽〉

각질제거에 탁월한 커피 바디 스크럽!
커피를 좋아하는 나는 커피를 내리고 남은 커피 찌꺼기로
바디 스크럽을 만들어 사용한다.
우선 커피가루와 흑설탕을 곱게 갈고
꿀, 라벤더 오일을 넣고 다시 블렌딩해 완성한다.
라벤더 오일까지 함유되어있으니
각질제거를 하면서 힐링의 효과도 볼 수 있다.
이때 피부에 손상이 가지 않도록 살살
아주 살살 문지르는 게 포인트!
한 번 만들 때 넉넉하게 만들어 선물로 주기도 좋다.

각질제거 효과에 탁월한 〈흑설탕 팩〉

흑설탕을 아주 작은 입자로 간 후에
꿀 넣고 얼굴에 펴 바른 후 살살 문지른 후 닦아낸다.
목과 손등에 사용해도 좋다.
소량을 만들어서 신선하게 사용하는 게 포인트!

리 얼
마 사 지

얼굴 마사지

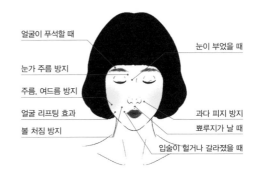

얼굴 지압점

얼굴이 푸석할 때
눈가 주름 방지
주름, 여드름 방지
얼굴 리프팅 효과
볼 처짐 방지

눈이 부었을 때
과다 피지 방지
뽀루지가 날 때
입술이 헐거나 갈라졌을 때

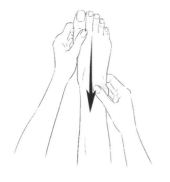

발 마사지

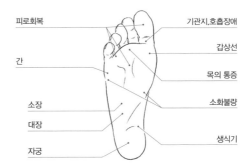

발 지압점

피로회복
간
소장
대장
자궁

기관지,호흡장애
갑상선
목의 통증
소화불량
생식기

시술도 관리다

__W__ "언니, 운동에 팩, 마사지…. 이런 건 이미 다 하고 있다! 그
럼 다른 거는 안 해요?"

__B__ "너 물어보고 싶은 게 뭔데?"

__W__ "혹시 수술이나 시술 같은 건 어떻게 생각해요?"

__B__ "'이 여자랑 저 여자 정말 닮지 않았어? 완전 비슷해~ 같
은 데서 한 건가?' 소리를 듣는 정도의 수술 수준이 아니라
면 뭐 어때. 그리고 여건이 된다면 필요한 시기에 적당한 시
술은 관리 차원에서 해주는 게 미를 유지하는데 필요하다
보는데. 간혹 살아가기도 바쁜데 무슨 시술? 생긴 대로 살
래 식의 자신에 대한 지나친 무관심? 수술이든 시술이든 별
생각 없어요~ 식의 뼈 속부터의 자신감? 한다고 뭐 나아져
요? 식의 섣부른 포기? 나는 아무것도 안 해요~ 하면서 아
무 것도 안 하는 것만이 진정한 아름다움이라고 얘기하는
경우도 있는데…. 그러면서 처지는 채로 있는다고 그거 누
가 알아주나? 알아주라고 하는 거 아닌데요? 할지 몰라도
누군가 알아봐 주고 "오~ 관리 참 잘했다"라는 소릴 들으
면 어김없이 얼굴에 미소가 지어질 걸….

요즘은 워낙 자신에게 투자를 많이 하는 여자들이 늘어나잖
아. 자기 돈으로 자기가 아픔 참아가면서 적당한 선에서 하

는 게 뭐 어때서? 나이가 한 살 한 살 쌓이는 만큼 적당한 자신감 유지와 만족을 위해서라면 해야지. 그것도 엄연히 관리 아닌가? 요즘 이게 무슨 흠도 아니고. 왜? 곽 작가야 너 하려고?"

W "저 피부에 탄력이 없어서 그런가, 피부과 원장님 인터뷰 따라 갈 때마다 '근데 작가님은 리프팅 한 번 하셔야 돼요.' 소리 들었어요."

B "아직 안 해봤구나? 한 번 해 봐."

W "20대 때랑 확실히 다르긴 한 것 같아요."

B "하고 싶음 과감하게 해. 하고 예쁜 게 안 하고 안 예쁜 것 보다는 낫지 뭐. 그리고 나중에라도 수술이든 시술이든 생각이 들면 내 얼굴에 진짜 필요한지, 부작용에 대한 숙지는 필수고 원장님이 직접 하시는지, 도미노 수술을 하지는 않는지, 친구 누가 했는데 나도 할까 싶어서 휩쓸리듯 하는 건 아닌지 정도는 체크하고. 똑똑하게 할 거면 언니는 강추야. 하지만 항상 얘기하는 게, 스스로 관리는 잘 안 하면서 병원에 목숨 거는 건 NO GOOD!"

W "그럼 언니도 계획하는 게 있어요?"

B "그럼 나라고 없을까?"

그들은
너의 풀샷을 본다

상하 밸런스를 맞추자

B   그날도 어김없이 저 멀리서 곽 작가가 들어오는 모습이 눈에 들어왔다. 순간 든 생각!

B   "곽 작가! 너는 어깨를 키우면 밸런스가 맞아서 멋지겠다."

W   "어깨요? 상체운동 안 하는데. 제가 급한 게 하체라서요. 저 하비라서…."

B   "응. 너 하체비만 같아. 상체를 운동 안 하니 더 하비 같지."

W   "아니 아는데 왜 굳이 그렇게 돌직구로…. 여하튼 하체 빼기도 바빠서 상체까지 운동할 여유가 없는데요."

B   "그럼 일단 옷 입을 때 요령을 좀 피워. 요즘 대세인 빈틈없는 허벅지, 힙을 굳이 뺄 생각 말고 하체에 비해 빈약한 상체를 의상으로 커버를 해."

B   저렇게 말해놓고 아차! 싶었다.
　"작가야 모르겠다. 그냥 네가 알아서 해라" 했더니, 곽 작가 이내 떨떠름한 표정이다.

예전에 주로 얼굴 모델로 활동하던 언니가 한 말이 떠올라서였
다. '너도 알다시피 내가 키도 작고 하체 비만이잖아, 체형에 결점
이 많다 보니 감출 수 있는 옷만 엄청나고 난 정작 입고 싶은 스타
일을 한번도 못 입어봤다'라는 말이었다. 무조건 커버만 하려 애쓰
다가 진짜 원하는, 추구하는 스타일의 패션을 뽐내 본 적이 없다는
거다. 아니 이 얼마나 가슴이 아린 일인가? 근데 내가 너에게 그런
걸 권하고 있으니. 참….

_W_ "언니, 저 그 얘기 완전 무슨 말인지 알아요. 제가 평생 나
는 하비야, 하비야 하다 보니까 청바지에 짧은 티 입는 게
있을 수 없는 일이라 생각했어요. 그러다가 한 10kg쯤 빼고
나서 입어보니까, 골반이 넓은 게 청바지 입기에 엄청난 메
리트가 되더라고요!
근데 웃긴 건 뭐냐면, 하체가 콤플렉스라서 맨날 긴 티만 사
입다 보니까 그냥 골반 길이 반팔 티 하나가 없더라고요. 집
에 티셔츠 열 댓 개가 있는데 다 엄청 길어! 그러다 보니 제
가 원하는 핏이 안 나왔죠. 그래서 집에 오는 길에 무늬 없
는 진짜 심플한 티 하나를 사가지고 다음날 청바지랑 입고

나갔었어요. 그게 아직도 기억나요. 심지어 모델 몸매 아니고 그냥 정상 체형 일반인 수준이었는데도 기분이 너무 째지는 거예요. 그리고 집에 와서 미친 듯이 또 운동했던 기억이 나요. 요즘도 가끔 살 붙기 시작할 때는 괜히 청바지에 그 티 입고 돌아다녀요. 운동 펌프 제대로 되거든요. 언니는 드라마틱하게 쪄본 적이 없어서 이런 기분 모를 거야…."

B "그래, 다시 말하지만 키도 있으니까 거기서 어깨만 키워주는 운동을 하면 밸런스가 맞을 거 같아. 나중에 키워놓고 보면 엄청 예쁠걸? 일단 상체 위주로 근력운동을 좀 해. 헬스장에 기구 보면 어깨 바깥쪽에 빨갛게 표시된 게 있어. 바른 자세로 운동을 하면 그 부위를 단련시켜준다는 거잖아. PT가 뭐 별거 있어? 쉬워!

자신하건데, 그럼 전체 비율이 딱 떨어지면서 풀 샷이 아주 예쁘고 멋져도 너~무 멋질 걸!

이제는 거울 보며 이목구비만 체크할 게 아니라 풀 샷을 한 번 정도 체크 해보자."

악마는 하이힐을 부른다

_B_ 하이힐로 늘리는 비율은 잠시뿐, 언젠가는 내려와야 한다. 여자의 건강을 예쁨으로 유혹해 혹독하게 만드는 힐. 어디선가 읽은 기억이 나는 한 줄, 담배 끊는 것보다 힘든 것이 하이힐이다!

하이힐이란 이름 참 예쁘지 않나? High Heels! 나만 그런가. 여하튼 이름도 예쁜 하이힐, 처음 신었던 날이 기억나는가? 그냥 서 있기도 어려웠던 그 순간. 하지만 시간이 지나면서 서있기도 힘들었던 게 언제인가 싶을 정도로 뛰기까지 가능해진다.

하이힐을 신고 걷고 뛸 수 있게 되었다는 것은 우리 몸도 그만큼 높은 굽에 길들여졌다는 것이고 점점 틀어진 상태로 몸무게를 지탱하고 있다는 뜻이다.

위의 그것뿐이랴. 부종, 하체비만, 하지정맥류, 기형적인 발 모양, 피로 가중, 무지외반증, 관절염…. 결국 하이힐로 비율 늘리다가 인생에서 고생할 확률만 더 높아질 수 있다는 것이다.

물론 하이힐을 안 신고 살 수 없는 직종이나 상황도 많다. 나도 그중 하나니까. 하이힐을 아예 외면하라는 것이 아니라 하이힐에 올라가 있는 시간을 최소화해줬으면 한다는 것이다.

그래도 난 하이힐 없이는 못살아! 하는 이들 분명 있을 것이다.

그럼 신어야지. 대신 힐에서 해방되는 순간 따뜻한 물에 15분 정도 족욕은 어떨지? 스스로 알아서 하는 발 마사지는 어떨지?

_W_ "저는 힐 잘 안 신어요. 플랫슈즈가 오히려 많은 것 같고,"

_B_ 그렇다고 플랫슈즈가 좋다는 것도 아니다. 힐과 도토리 키재기! 완충작용을 해주는 쿠션이 없잖아. 척추에 당연히 안 좋지 않을까? 요즘 어느 패션에 신어도 손색없는 운동화가 많이 나왔는데, 운동화 쇼핑에 재미들 좀 붙여보자.

　20년 전에는 예쁜 운동화 찾기도 얼마나 어려웠는데…. 좋은 시대에 쇼핑하는 줄 알아야지! 심지어 유행까지 돌아왔으니 마음 놓고 운동화를 신어보자.

여자의 비율을 바꾸는 지름길,
말 그대로 숏 컷!

B   하이힐 말고 여자들이 쉽게 포기하지 못하는 것 중 또 하나. 바로 긴 머리!

순정 만화에서부터 만들어진 이미지처럼, 여자의 긴 머리는 청순함과 섹시함을 같이 연출할 수 있으니, 긴 머리가 잘 어울리는 이라면 마음껏 그 스타일을 유지하면 된다. 하지만 어울리고 자시고, 긴 머리 이외의 옵션은 아예 고민조차 안 하는 여자들도 많다.

나는 가늘고 솜털 같은 머리카락을 가졌다. 일을 하다 보면 변화를 줘야 하기에 보통 긴 머리를 유지하는 경우가 대부분이다. 나 역시도 그중 하나였다.

그러던 어느 날, 옷을 입는데 헤어가 약간은 방해를 하는 듯한 느낌을 받았다. 평소 돌돌 말아 올려 본다거나, 헤어핀을 이용해 본다거나 찰랑찰랑 풀어본다거나…. 나름 변화를 주며 근근이 버티던 중 급 과감해지고 싶었다. 무엇보다 헤어스타일에 연연하는 내가 나답지 않다는 생각이 들기 시작했다. 그날 바로 샵으로 달려갔다. 자르리라! 시원하게!

도착하자마자 "샘! 머리를 짧게 잘랐으면 좋겠어!" 하고 말했다. 그러자 의리 있고 늘 시원시원한 재클린 샘, "좋아요, 확 치자!" 하는 거다! 그래, 에라 모르겠다 하고 머리를 잘랐다.

내가 숏 컷을 해보고 알았다. 짧은 머리가 샵을 전보다 자주 찾아가야 하고 부지런해야 한다는 것 빼놓고는 좋은 게 너무 많다는 것을. 그 후, 숏 컷의 매력에 나는 빠지고 말았다.

손이 잘 가지 않았던 옷들에 손을 뻗는 나를 발견했고, 거울 앞에서 머리를 가지고 고민하는 시간이 확 줄었다. 무엇보다 옷 선택에 폭이 확 넓어지니 뭔가 짐을 던 느낌이랄까? 몇 프로 부족해서 늘 나에게 외면당했던 숨어있던 옷들을 입어주리라 다짐했다.

자, 만약 여기에 해당이 되고 변화를 원하는 이가 있다면, 숏 컷을 과감히 시도해보자.

- 내가 만약에 키가 작은데 아프게도 두상까지 좀 크다.
- 머리카락이 가늘어 힘이 없어서 솜털 같다,
  일명 외국 사람들 머릿결이랑 비슷한 경우.
- 팔등신도 모자라다! 난 12등신을 원한다.
- 변화를 시도해봤자 이상하게 패션스타일이 늘 똑 같다.
- 찰랑찰랑 머리가 길어도 별 예쁘다는 소리를 못 듣는다.

_W_ 실제로도 스튜디오 밖에서 언니를 만나면 하이힐 신은 모습을 본 적이 없다. 대신 흰 운동화에 짧은 머리를 유지하면서 머플러나 모자 액세서리를 자주 하길래 그냥 취향인가보다 했는데. 아마 그런 계산 하에 매칭하는 게 분명하겠지. 이 치밀한 언니. 풀 샷을 계산하는 언니.

Part 6

헬프

The Help, 2011

"아침에 일어나면 새로운 결심들을 하는 거야."

❋ 당신은 ⋯ 주저앉고 싶었던 순간을 기억하나요?

W 언니 제가 언니 처음 봤을 때 어땠는지 알아요?

　처음에는 어릴 때 TV로 봐서 우와 연예인이다~ 했었고요. 만나서 얘기 좀 해보고 나서는, 특히 자기 관리 관련된 거 얘기하고 나서는…. '아, 이 언니 진짜 피곤하게 사네'라고 생각했어요.

　저녁 6시 이후로 안 먹고, 항상 계단 걸어 올라가고, 술도 안 먹고, 틈나는 대로 운동하고, 맨날 뭐 먹을 때 '곽 작가 이거 먹어. 이게 영양소가…' 하면서 따지잖아요. 양치할 때도 음악 틀어서 시간 재고. 솔직히 듣는 사람이 다 피곤했어요. 왜 저렇게 군이 혹독하게 사나. 심지어 방송 안 할 때도 그러고 살았다고 하시니까….

B 너는 맥주 마시자고 누가 부르면 야밤에도 뛰쳐나간다며? 맛집 찾느라고 그거 맨날 검색하고, 먼 데 찾아가고 웨이팅 줄 서고 한다며? 그건 안 피곤해? 삼시 세끼 밥 먹는 건 안 피곤하냐? 다 그런 거 아닐까? 습관이 돼서 늘 찾았던 건 피곤한 일이 아닌 거고, 안 하던 걸 막 찾아서 하려고 할 때는 피곤하다는 방해물이 생기는 그런 거! 일상을 따라갈 땐 피곤한 줄 모르고 하게 돼. 그걸 일이라고 생각하는 순간 바로 따라붙는 말이 그거지, "아 피곤하다 피곤해!"

　곽 작가는 스쿼트 50개 상상만으로도 피곤한 거고. 나는 잠자기 전 양파와인 마시는 것이 피곤한 거고….

W 와인 한 잔이 피곤하다니 무슨 말씀이신지 이해가 안 되네요.

B 양파와인이 숙면에 도움이 된다는 정보를 듣고 유독 잠이 안 올 때라든가 푹 자고 싶을 때, 단잠을 원할 때 한 잔 씩 마시려고 시도를 해보는데⋯ 아직도 그거 한 잔 마시러 가는 길이 지옥 같다. 그러니 완전 일인 거지. 차라리 1시간 걷는 게 더 편하겠어.

다들 오랜 기간 만들어온 '습관'이라는 게 있잖아. 곽 작가는 십년을 그렇게 주야장천 맥주를 사랑하고 당연하다는 듯이 열심히 마시는 거고, 나는 그게 운동인지도 모르면서 운동을 하고. 그냥 뭐를 습관으로 들이고 뭐를 피곤한 일로 받아들일지는, 알아서 선택하면 되는 거 아닐까?

🐝 이 본

_B_ 그날도
곽 작가를 만나고 집에 들어왔다.
지나간 일들을 잠시 더듬어보고
영양가 없다 느껴지면
생각 잘라내기는 정말 일등이라 자신했는데,
그날은 조금 생각해봤다.
곽 작가 묻는다.

_W_ "언니 그렇게 살면 안 피곤해요?"

나, 되묻는다.

_B_ "내가 피곤하게 사는 것처럼 보이나? 난 안 피곤한데…."

나를 만난 지 얼마 되지 않았는데 이렇게 묻는다는 건,
내가 분명 피곤하게 사는 듯 보이는구나.
나는 아무렇지 않은 듯 하는 몇 가지 일들이

다른 이들에게는 충분히 그렇게 보일 수 있겠구나….

조금은 느슨해질 필요도 있겠구나….

일상 속 노력이 습관이 되어버린 한 여자와,

그 습관을 바라보는 것만으로도 피곤해하는

한 여자가 만난 것이다.

이본을 지켜준
유쾌한 자극

W 언니, 운동할 맛이 날 때는 또 하겠는데요. 근데 싫은 날은 또 죽어도 안 하게 돼요. 그러다가 하루 이틀 지나면 2주씩도 빈둥대고. 그러다가 많이 때려치운 것 같아요. 언닌 죽었다 깨나도 운동하기 싫은 날 없어요?

🐝 이 본

달리기 싫으면 앉아만 있어

B 있지. 수십 번 있지.

없다면 거짓말이지.

갑자기 그렇게 운동하기가 너무 싫고 피곤할 때?

운동 안 해. 그냥 앉아서 사람 구경해.

몸이 불편해서 재활하러 나온 사람,

예쁜 운동복 타이트하게 입고 머리 올려 묶고

발걸음도 가볍게 사뿐사뿐 잘 뛰는 여자.

뒤로 걷는데도 뒤뚱거림이 없는 사람,

옆으로 뛰는 사람,

분명 운동을 하러 왔는데 와서 보니 귀찮은,

나처럼 앉아서 이런저런 수다 꽃피우는 사람,

이어폰을 끼고 리드미컬하게 걷는 사람,

땀을 흘리면서도 이 악물고 뛰는 사람,

몸의 지방을 태우려고 작정한 사람,

숨이 차는데도 열심히 말하며 걷는 사람,

개에 이끌려 주체없이 끌려가는 사람,

자세 어정쩡한 사람….

너무 다양한 각자의 방식들로

나름의 생활을 즐기는 걸 볼 수 있어.

생각보다 볼거리들이 꽤 있지.

그렇게 보고 있으면 운동이 또 별게 아니구나,

매일 저렇게 다들 하고 사는구나 싶어서

일어나게 되지.

나도 모르게.

일부러 시간 내서 하려니까 그게 싫지.

일이라고 생각되니 싫지.

그러니까 때려죽여도 운동하기 싫은 날이 많은 거지.

그럴 땐 그렇게 뛰는 사람들 사이에 앉아서

남들 사는 거 놓치지 않고 보는 걸 해봐.

나 역시도 꾀가 나고 만사 귀찮을 때가 많아,

그럴 때 사람들을 하염없이 살피다 들어오는 날이 종종 있어.

사람들을 놓치지 않고 보다 보면,

운동이든 자기 관리든 해야겠다는 다짐을 놓지 않게 되는 듯해.

운동이 마치 일처럼, 짐처럼 느껴지는 날에서 벗어나길.

🐝 이 본 × 🐝 곽 작 가

예쁜 것들은 왜 계속 예쁜가?

__W__ "언니 그때 오랜만에 나왔을 때, 급하게 살 뺀 거죠?"

__B__ "아니 나는 쪄본 적이 없는데 뭘 빼지?"

__W__ "활동을 그렇게 오래 쉬었는데 연예인 몸매 유지를 어떻게 해요?"

__B__ "유지하고 할 게 뭐 있어? 활동이랑은 무슨 상관이고?
몸매는 늘 이랬고 연예인이 되기 전부터 난 이 모양이었는데.
갑자기 망가지는 게 더 힘들겠다."

・・・

__W__ "인터뷰 이런 식으로 할 거예요?
책에 뭐라고 넣어요, 지금 이렇게 얘기하면."

__B__ "사실대로 넣어. 아니 작가야. 재수없게 들릴 수 있겠는데,
팩트니까 오해하지 말고 들어보라고."

__W__ "어머 그게 더 재수없어…."

__B__ "언니한테 재수 없어가 뭐냐?
언니는 유치원 때, 초등학교 때부터 사진관에서 사진을 찍으면
다음날 홍보용으로 걸어도 괜찮냐고 물어보고 떡하니 걸리고

그랬다니까. 너랑 나랑 많이 친해졌다,

이런 얘기도 다 해주고.

학창시절엔 또 어땠는 줄 아냐?

만약 오늘 내가 입은 옷이나 외모를

사람들이 쳐다봐주지 않고 예쁘다 소릴 못 들으면

다시 들어와 옷을 갈아입고 나가고 그랬다고!

기가 막히지 않아?

어릴 때도 그랬던 난데 쉰다고,

공백기라고 뚱뚱해지냐?

평생 뚱뚱해본 적이 없는데

갑자기 사람이 어떻게 그렇게 되냐.

어떡하면 그렇게 갑자기 뚱뚱해지냐?"

<u>W</u> "'어떡하면 그렇게 갑자기 뚱뚱해지냐?'

이거 제가 이 멘트만 떼서 소문낼 거예요."

<u>B</u> "아니 그러니까, 보통은 어릴 때 낯설고 예뻐서

항상 찬양받던 애들이 커서도 예쁜 경우 많지 않아?

그게 왜 그러겠어?

걔네는 인생이 예쁘니까 살찔 틈이 없는 거야.

관리도 당연히 더 잘하고. 각오 자체가 남다른 거지."

_W_ "근데 작품 안 할 때 확 찌는 사람들도 많잖아요."

· · ·

_B_ "물론 그런 배우들도 있지.

근데 나는 오히려 그게 신기하기는 해,

어떻게 자유자재로 쪘다 뺐다 하나 몰라….

작품 때문에, 포기할 수 없는 캐릭터 때문에

살을 쪄워야 혹은 빼야 하는 경우면 모를까,

그게 아니라면 무방비 상태에 처했다가

급 긴장하고 변화를 주고 그런 것보다

그냥 기분 좋은 긴장감으로 늘 유지하며 살고 싶어.

어딜 나가도 예쁘다 소리를 듣고 사는 게 좋은데

뭐 하러 나를 확 놔서 살찌는 걸 감수하고 사냐고."

_W_ "그래서 언니가 그렇게 스스로한테 빡빡하구만. 지치겠다."

_B_ "어떤 시각에서 보느냐에 따라 그렇게 느낄 수도 있겠지만,

나는 42.195km를 전력 질주했다가 가보지도 못하고

주저앉기 싫어! 차근차근 갈 거야.

적당한 간격으로 관리하고 가꿀 거야.

나한테는 그게 더 쉬워.

빡빡할지 몰라도 패턴이 정착되면

이것보다 쉬운 게 없을 텐데…."

_W_ "정말 일반인들 입장에서는 공감이 하나도 안 되겠네요.

도움이 안 되는 조언이네."

_B_ "요즘은 연예인 아닌 일반 여성들이 더 부지런하고

가꾸는 데 열정적이지 않아? 공감하기 어렵다고 하지 말고,

에너지가 느껴지는 곳이나 자극이 될 만한 걸 찾아보고,

스타일도 여러 번 바꿔보고.

그러다 보면 살쩔 틈이나 있나?

스스로가 즐거운데.

이목을 잡을 만큼 예쁜 자들은 나름 보이지 않는 노력을 한다고.

딴 세상 사람이네 하지 말고 동지라 생각하고 공유 좀 해보라고."

• • •

W "그럼 언니는 그런 자극 받고 싶을 때
다니는 데 있어요? 저도 좀 가게."

B "패션쇼라든가,
패션 잡지를 놓치지 않고,
샵들을 둘러보러 다닌다거나,
잘 나간다는 클럽을 가본다거나.
신선한 자극이 분명 있다니까."

W "술도 안 먹는 사람이 클럽을 가요?"

B "술 안 마시면 클럽도 못 가냐."

W "술 한 잔 하고 기분 좋을 때 많이 가니까요."

B "그러면서 요즘 유행,
흐름도 소리 없이 체크하고,
흔들 거 다 흔들고 볼 거 다 보고,
느낄 거 다 느끼고 해.
술 한 방울 안 먹어도 맨 정신으로도 클럽 분위기

맘껏 내다 올 수 있어.

노는 것만큼 쉬운 게 어디있냐?"

W   "위기감 같은 것도 좀 느끼고?"

B   "왜 저래? 위기감을 왜 느껴 내가.

새내기 대학생들과 다녀도 못 느끼던걸?

작가야. 내가 동안 비법 하나 더 알려줄까?"

🐝 이 본

이본의 숨겨진
동안 시크릿 플레이스

<u>B</u> "나에게 대학생활은 소소한 젊은 이야기로
웃음 짓게 한 원동력이었지.
마음이 동안이 되니 나타나는 내 얼굴은 어땠을까?"

<u>W</u> "그게 뭔 말이에요?"

엄마 병간호를 하면서 시간을 흘리기에는
나 자신에게 부끄럽고 열의 없는 일이라 생각이 들었다.
그래서 그동안 늘 아쉽게 생각했던
마치지 못 한 공부를 하기로 마음먹었다.
매니저가 말했다.
"학교 가실 때 제가 같이 가서 기다리고 있을게요."
"아니, 욕먹어! 그러지 마! 뭐 하는 짓이야 그게.
나 혼자 가서 하고 와도 충분해"라고 답했다.
시작은 자신만만했다. 그러나 막상 시작해보니 달랐다.
학교 안에서 나는 맨 뒷자리를 탐냈고,
다른 학생 등 뒤에 앉아 몸을 숨기기 바빴다.
야구 모자를 쓴 것도 모자라

그 위에 후드 모자를 또 눌러썼다.

교수님이 내 이름을 부르는 것도,

질문을 하는 것도 다 싫었다.

그냥 조용히 소리 소문 없이 학교를 갔다 오고 싶었다.

왜 그런 거 있지 않은가.

어떤 문제도 일으키지 않고 있는 듯 없는 듯

남의 눈에 띄지 않고 다니고 싶은….

또 그게 가능할 것 같았다.

하지만 그런 게 가능할 리 없었다.

학교생활은 쉽지 않았다.

아니 아주 힘들었다.

"어쩌다 공부를 하게 됐어요?"

"왜 요즘 활동을 안 하세요?"

"어디 사세요?"

"연예인 누구랑 친해요?"

내게 여러 가지 질문이 쏟아졌다.

구구절절 설명을 해 줘야 하나?

나를 알려야 하나, 아니면 숨어야 하나?

대충 성의 없이 답 해야하나?

그러다 "쟤 왜 저래? 싸가지 없다더니 진짜 없네."

소리라도 듣게 된다면 오해를 내가 풀어줘야 하나?

누군가 나에게 다가와

"저 누구 너무 좋아하는데 실제로 어때요?"

물으면 난 어떤 대답을 해야 하지?

평소 나도 칭찬을 아끼지 않는 인물에 대해 물어본다면

"아, 너무 멋진 분이에요"하고

생각해 볼 겨를도 없이 답할 수 있겠지만

아니라면, "그 사람 사고뭉친데요. 개판이에요."

할 수도 없지 않은가.

그런 땐 또 어쩌지? 생각에 생각이 꼬리를 물었다.

누군가 말을 거는 것도 두렵고 막막했다.

그런 멘붕에 빠진 후에야 알게 됐다.

어린 나이에 데뷔를 한 나는 공교로운 상황이면

늘 매니저가 어디서든 나타났고,
늘 코디네이터가 있었기에 혼자서 누군가를
직접적으로 가깝게 대면하는 일이 거의 없었다.
우리 직업군 외의 사람들을
알아가는 연습이 되어있지 않았다.
나를 모르는 사람들과 어우러지는 방법과도 거리가 멀었으며
기본적으로 사람들과 어울릴 때 필요한
최소한의 항체조차 부족하고,
내가 사회성이 굉장히 떨어진다는 것을 알게 되었다.

완전 바보가 따로 없었다.
그런 나를 보기가 답답했는지
어느 날 커트머리에 작은 체구이지만
쌩쌩한 몸을 가진 한 원우가 다가왔다.
"저기요, 이건 저거고요. 지금은 교수님이 저거 말고
이걸 하시겠다는 거예요."를 시작으로
"언니 점심 안 했죠? 갑시다." 하면서

원우인데도 매니저 역할을 톡톡히 해주는 것이었다.

지금은 너무나 아끼는 동생이 된 일명 문양이.

집도 가깝고, 내가 해외를 나가면

나를 대신해 엄마도 챙겨주는

참 괜찮은 친구다.

나이가 어림에도 불구하고 입도 무겁고,

남들이 다 하기 싫어하는 일을 먼저 할 줄 아는 그런 동생이다.

그 친구 가끔 말한다.

"처음 봤을 때 생긴 거는 그렇게 안 생겼는데 허당 투성이였다"

라며, "보기에 답답하고 자신이 짜증이 나서 해준 거"라고.

빠릿한 동생 하나 만난 후부터

캄캄했던 학교생활의 문제점들이 풀리기 시작했다.

그때부터 개강 첫날이 기다려졌다.

대학 특유의 신선한 에너지가 그리워지기 시작했다.

처음 문양이와 학교 안 식당을 찾았던 때가 기억난다.

밥값이 이천 원에서 오천 원이면 해결됐다. 귀엽지 않은가.

그 안에 식혜나 수정과, 미숫가루까지 깜찍하게 포함되어 있단다.

밖에서의 밥값은 어느 걸 선택하느냐에 따라 다르지만

가격 대비 영양적인 면으로나 친절 면으로나

학교 안 식당을 따라오기란 어림없을 듯하다.

하루에 커피 한 잔을 잊지 않는 나는

커피 가격에 쾌재를 부른 적도 있다.

보통 커피 한 잔에 오천 원부터 비싼 곳은

만 이천 원도 하는데 단돈 이천삼백 원이라니! 이것뿐이랴?

대학교 근방으로 나가면 안주 세 개에 만 팔천 원!

경쟁이라도 하듯 바로 앞집은 안주 세 개 묶어 만 오천 원이란다.

많은 학생 수를 포섭하려고 MSG도 적당히 첨가하여 유혹한다.

학생때는 워낙 혈기왕성한 나이인지라 맛만 있다면,

까다롭게 따지지 않고 한 접시 뚝딱!

여럿이 왁자지껄 웃으며 먹으니 꿀맛이다.

계산할 시간이 다가오면 다들 지갑을 꺼내 칼같이 나눠서

주섬주섬 돈을 걷는다.

처음에는 뭘 이걸 나누나 하고 번거로워 밥값을 낸 적도 있었다.

그런데 그럴 때 들리는 소리,

"처음부터 더치페이를 해야 깔끔하다."

"그리 쏘다 보면 은근 기대할 수 있으니 그러지 마라"라는 충고!

처음에는 '어휴, 뭘 그렇게 그렇게까지 하나, 요 친구 웃기네~'

했는데 말 듣길 잘했다.

지금은 내가 만나는 어떤 동아리보다도 깔끔 그 자체다.

이러다 한 방 쏘면 다들 쓰러진다. 하하.

교학과에 들러 주차 할인권을 챙기는 모습,

커피를 마시면서 쿠폰에 도장이 찍힐 때마다 흐뭇해하는

이런 소소한 재미들, 작은 그림에서의 행복,

순간 마음에 훅 들어오는 작은 사건사고들이

나에겐 좋은 경험으로 쌓였다.

내가 제때 대학 생활을 했더라면

자칫 보지 못하고 넘어갔을 그림일 거다.

내가 지내오던 환경과는 다른 세상!

에너지 자체가 너무 설레고 행복했다.

사실 요즘 누가 어려 보인다고
비결이 뭐냐고 물어오면 우스갯소리처럼 말한다.
"젊은 친구들 기운을 받아서 그런가 봐요~"
건강한 에너지를 받고 작은 것에 감사하고
웃는 날이 많아지고….
당연히 표정도 달라지지 않았을까?
사람들 속으로 용기 있게 뛰어들어 포기 않고
학교의 일원이 되어 새로운 삶을 접한 일이
내가 지금껏 살면서 잘한 일 중에
5위 안에 드는 결정이 아니었을까.

곽 작가를 등 떠민
설레는 자극

프로 다이어터들의 아지트, 피팅룸

보통 사람이 3kg 빼는 거, 진짜 힘들다. 그리고 3kg 빼면 주변에서 반응이 슬슬 온다. 나도 턱살 덜 접히는 것 같고, 오묘하게 핏이 달라지는 기분이 든다. 그러면서 동시에 고개를 쳐드는 치킨, 피자 등 폭식의 유혹! '통통한 곽 작가'였다가 '통통한데 3키로 뺀 곽 작가'가 됐을 뿐인데 마치 지금부터 세상 음식 다 욱여넣어도 될 거만한 식욕이 몰려온다면 얼른 주변 SPA 브랜드 옷 가게로 가자.

다이어트를 시작할 때 누구나 추구하는 스타일이 있다. 체형 보완에 중점을 둔 스타일 말고, 내 몸매가 이본이면 막 입어보고 싶었던 스타일들. 그런 옷 여러 개(아직은 용기가 덜 나 입지 못하는, 나로 치면 핫팬츠나 초미니 원피스 같은 것들)를 집어 들고 피팅룸으로 향한다. 규모가 큰 매장의 한적한 시간대를 추천한다. 최대 피팅 가능한 수량만큼의 꿈의 옷들을 피팅룸에서 하나씩 입어본다.

그러면 자연히 알게 될 것이다. 아, 지금 선방하는 중인 건 맞는데 그렇다고 또 치킨 한 마리씩 해치울 시즌은 아직 아니구나. 나 자신이 기특한 건 맞는데 그렇다고 미친 듯이 예뻐진 건 또 아니야, 사람 일이 그렇게 쉬운 게 아니구먼. 동시에 조금만 더 운동하면 될 것도 같은데? 이거 다음 달에 와서 한번만 더 입어보면 그때는 계산대까지 가져갈 수 있지 않을까? 하는 마음.

그런 마음을 먹으면서 전신거울에 비친 모습을 찍고 나온다. 마음에 안 드는 핏, 어딘가 어색한 내 모습을 휴대폰에 저장해서 나와서 본다. 사람들이 피팅룸에서 옷을 보는 것 같지만 은근히 얼굴과 눈을 위주로 많이 본다는 걸 전신사진을 나중에 보면 알 수 있다. 피팅룸에서 내가 본 나보다 훨씬 어딘가 더 뚱뚱하다. 이 핏에 입더라도 내가 만족한다면 그러면 되는데―진심으로 그렇다. 나보다 더 뚱뚱한 여자가 핫팬츠를 입고 걷더라도 그건 그냥 멋진 거다.―그래도 이왕 운동한 거 내가 원하는 핏으로 입고 싶다는 욕심을 원동력으로 조금만 더 열심히 해보자고 다짐한다. 요즘 다들 말하는 인바디 대신 눈바디가 좋다는 건 이래서 중요하다. 체중계나 수치가 주는 만족감이 있어보았자. 그래도 내가 원하던 몸매가 될 때까지 계속해서 나를 채찍질해주는 건 내가 찍은 내 몸 뿐이니까.

그러니 3kg 빼고 나서 만족감에 취해 밤 11시에 주문한 치킨을 기다리는 동지들이여, 그래온 적이 있고 여전히 그럴 가능성이 있는 한낱 우주의 나약한 다이어터인 나는 그대들을 비난하지 않겠다. 이왕 시킨 치킨 맛있게 먹고, 내일 아침 자라든 H&M이든 들러서 입고 싶은 옷을 싹쓸이해서 피팅룸으로 가자. 곱창, 피자, 감튀가 부를 때도 그렇게 하자. 우리는 더 건강해질 수 있고, 더 예뻐질 수 있다. 그러니 야식 폭식만 참고, 예쁘고 건강하게 뭔가 더 해보겠다는 다짐으로 집으로 돌아가자. 파이팅!

순간 모든 걸
때려치우고 싶을 때

W "언니, 근데 운동이나 그런 자기관리 말고. 진짜 다 때려치우고 싶을 땐 없었어요?"

B "예를 들면 어떤 거?'

W "화려하게 연예계에 있다가 갑자기 병간호하고 대학생활 하고 그런 거요. 대학생활이 쉽지도 않았다면서요. 보통 사람이 그러면 우울한 순간도 오고 그러잖아요. 어떻게 그렇게 캐릭터 그대로 버틴 건지 궁금해서요. 잊혀질까봐 걱정도 됐을 거고, 갑자기 연예인 아닌 일반인의 삶으로 사는 게 쉽지는 않으니까."

B "글쎄. 내가 지금껏 살아오면서 힘들어 숨이 막힐 것 같은 순간이 와도 버틸 수 있었던 건, 엄마? 엄마 때문이었던 것 같애."

🌱 이 본

B 어느 날

엄마가 여행을 다녀온다 하시길래,

그러라고, 잘 먹고 잘 쉬다 오라고 보내드렸다.

며칠 뒤 엄마가 왔다.

여행을 다녀왔다는 분이 이상했다.

야위고 어디가 많이 아팠던 사람처럼….

여행 가서 아팠냐고 묻자, 아니라고만 한다.

며칠 뒤 큰 언니를 통해 알았다.

내가 걱정 할까 봐 말하지 말라고 하고

갑상선 암 수술을 하고 오셨다는 거다.

서운함과 미안함이 동시에 밀려왔다.

나를 걱정시키고 싶지 않았던 엄마에 대한 미안함,

딸인데 엄마의 힘든 수술을 알려주지 않은 서운함.

왜 내게 말을 안 했느냐고 했더니 예상대로,

바쁜데 걱정할까 봐 수술 잘 마치고 와서 얘기를 하려고 하셨단다.

충분히 안 여사는 그러고도 남을 엄마다.

그리고 몇 년이 지나, 또 여행을 가신단다.

갑상선 암 수술이 너무 오래 전 일이었기에
여느 때와 같이 잘 다녀오시라고 보내드렸다.
알고 보니 엄마에게 닥친 또 한 번의 유방암 수술!
이번엔 여행이라고 얼버무리기에는 어려울 만큼
그리 간단한 수술이 아니었기에 결국 내가 알게 되었다.
엄마는 그렇게 방사선 치료와 항암치료를 이겨내려 애썼고,
나는 딸로서 해야 할 일을 아끼지 않았다.
그리고 4년 반이 지났을 때쯤, 엄마가 나를 부른다.
갑자기 내 손을 잡더니 눈물을 흘리신다.
'이건 뭐지?' 싶어 잠자코 답을 기다리는데도
답을 주지 않았다. 한참이 지나서야

○ "보니야. 엄마 유방에 또 암이래"

하며 우시는 거다.
하늘도 무심하시지….
세상이 무너지는 심정이었지만

내가 엄마를 위해 해야 할 역할이 무언인지를 잘 알기에
엄마 손을 잡고 말했다.

B "엄마 괜찮아. 엄마는 병원에서의 시간들이
지겹고 생각조차하기 싫겠지만 어쩔 수 없어!
받아야지! 괜찮아 받으면 돼. 이겨 낼 수 있지?"

안 여사는

◦ "너한테 미안해서…. 미안해서…."

그 후, 엄마는 꿋꿋이 버텨내셨다.
지금은 19층도 일주일에 두 번은 오르고,
40분 걸리는 스트레칭도 잊지 않는다.
그런 엄마를 본 내가 이겨내지 못할 것이 무엇이겠는가.
지금은 늦은 밤이고,
난 또 낼 스케줄이 있는데

이 이야기는 떠올리기만 해도 눈물이 난다.
이놈의 눈물은 참 잘도 흐른다.
내일 눈 퉁퉁 부어 녹화에 지장 있는 거 아냐?

아빠 얘기를 해야겠다.
정말 말수가 없으시다.
엄마 말로는 함께 살아온 40 평생,
노래 부르는 건 단 몇 번 뿐이고 애창곡이 딱 한 곡이란다.
그러니 말을 길게 하면 이상하다는 게 우리 엄마의 설명이다.
엄마와 딸은 이런저런 수다 꽃이 자연스러운 반면
아빠와 나는 대화가 적다.
아빠는 어디가 아프면 일어나자마자
병원 문이 열림과 동시에 들어가시고
심지어 딸꾹질 약까지 상비약으로 챙기는 철저하신 분이다.
내 친구 중에 한 친구는
부모님께 제발 좀 병원 좀 가보시라고
애원을 해도 꿈쩍도 안 하신단다.

182

그러면서 속상하고 답답해 죽겠다는데,

우리 아빠 알아서 척척 해주신다.

꽤 오래 엄마가 아픈 상황이라

아빠의 척척이 고마울 때가 한두 번이 아니다.

그러던 어느 날

오전 11시쯤 핸드폰이 울렸다.

아빠다.

○ "아빠 병원인데 수술해야 한대.

그래서 11시 반에 수술 들어간다."

잉? 이건 또 무슨 말이란 말인가?

아빠가 또 덤덤하게 말한다.

○ "아빠 뇌에 출혈이 생겨서, 수술을 해야 한대."

아빠의 빠른 대처에 수술을 무사히 마쳤다.

건강을 한 번 잃으면 되찾기 어렵다.

뭐든 두 배로 신경을 써야 하고

긴장감을 늦추면 안 되는 일들이 수도 없이 발생한다.

앰뷸런스가 지나가면 영혼 없이 쳐다보던

보통 사람이었던 내가 어느새 앰뷸런스의

삐뽀~ 삐뽀~ 소리가 들리는 날엔

가슴이 쿵쾅거린다.

부모님이 어느덧 작아지신다 싶은 느낌이 들면

오다가다 미리미리 주위 가까운 병원들도

신경 써서 봐 둘 필요가 있다.

가장 가까운 각종 병원은 어디에 있고

24시간 병원은 어디 있는지.

생각지 못한 일이 닥치면

바로 달려갈 수 있도록 말이다.

Part 7

나를 찾아 줘

Gone Girl, 2014

" 같이 이겨내면 돼. 우리한텐 서로가 있잖아. "

✱ 당신은… 어떤 순간에 떠나나요?

내 삶의 리셋 버튼,
여행

W "근데 언니, 언니는 일상이 되게 모범생처럼 딱딱 정해진
게 많잖아요. 스트레스도 거의 운동이나 울거나 수다로 풀
고…. 그게 폭발할 것 같을 때는 없어요?"

B "폭발 정도까지는 아니어도 불쾌지수가 높아지면 그때
는…."

W "그때는 뭔데요?"

B "여행."

B 여행이 없는 인생은 생각하기조차 싫을 정도로 나는 여행을 즐
긴다.

W "언니는 여행 언제 처음 해 봤어요?"

B "나… 19살?"

W "열아홉 살 때요? 그때는 구글맵도 없잖아요?"

B "왜? 구글맵이 있어야 여행해?"

W "아니 뭘 알고 혼자 여행을 했어요?"

B "뭘 알고 가야 되는 게 여행이야? 가보고 싶으면 가는 거지.
그때는 인터넷도 없고 책 한 권 깔끔하게 들고 갔지."

W "아니 그걸 어느 엄마가 가게 놔둬요?"

B "난 배낭여행이 첫 여행인데. 나름 엄격한 집안에서 자랐지
만 여행을 가겠다는 나의 의지에는 단 한 번도 안 돼!라는
말을 들어 본 적이 없어. 그 덕에 10대 때에도 배낭여행을
거침없이 다녔고, 안전하다는 연락만 잘 하면 언제든 OK!"

B 첫 여행에서 돈을 잃어버렸던 기억이 난다.
어디서 들은 것은 있어서 돈을 여기저기 나눠 넣었기에 망정이지.
빼도 박도 못할 일이 닥칠 뻔했던 그때! '내 배 쪽이 젤 든든하겠
지?' 하고 그곳에 유독 많이 넣어뒀는데 어떻게 그걸 도둑을 맞은
걸까? 시작부터 풍족하게 보낼 수 없는 상황이 벌어진 거다. 아직
도 꽤 많은 날들이 나를 기다리고 있었는데…. 턱없이 부족하니 이
일을 어쩌나? 싶었다.

W "한국에 전화해서 엄마 찬스 써야지!"
B "나는 절대 엄마에게 전화를 해서 알릴 애가 아니야. 예민
한 성격의 소유자인 엄마가 또 얼마나 걱정을 하겠어? 그때
는 그 생각만 해도 가슴이 뭉클했는데."

B 돌아갈 비행기 티켓이 있고 유레일패스가 있으면 됐지. 이게 어

디야~ 다행이다 생각하며 조금 남은 돈을 쪼갰고, 안 먹을 수는 없
으니 우선 돌아다닐 동선을 줄였다. 그러다 케밥이 눈에 띄었고 유
명한 집인지 사람들의 줄이 꽤나 길길래 우선 섰다. 내 앞에는 일
본 여자 세 명이 서 있었고 이들도 배낭여행을 왔다는 걸 알게 됐
다. 여자 셋이 떠는 수다 정도는 알아들을 수 있었으니 자연스레 말
을 섞어가기 시작했다. 어디서 왔느냐? 혼자 왔느냐? 일정은 어떠
냐? 언제 돌아가는지, 다음 행선지는 어딘지. 야간열차 안에서 일박
을 하는 것까지 똑같았다. 케밥을 손에 들고도 여자 넷의 수다는 끊
이질 않았고, 야간열차에 이층 침대가 한 칸에 두 개 들어가 있으니
좌석을 같이해서 같은 칸에 타고 가자고 제안해왔다. 나도 마침 잘
됐다 싶어 흔쾌히 그들과 함께했다. 참고로 그때 인연으로 한 친구
는 지금 나의 베프가 되었다. 그렇게 나는 잘 버텨서 꽤 길었던 첫
배낭여행을 무사히 마쳤다. 10대 나의 첫 배낭여행은 내 인생에 큰
영향을 줬다.

W "언니 요즘도 여행 진짜 자주 가시던데…. 특별히 이유가
   있는 거예요?"

B "요즘은 얼굴이 알려진 누구라도 전혀 거리낌 없이 길거리
   를 활보하잖아. 내가 데뷔할 때만 해도 스케줄 끝나면 매니

저들이 집으로 곧장 데려가고 개인 스케줄로 외출일 경우 재차 확인하고 눈치 봐야 하고 사람들이 없는 곳을 늘 찾아서 다니고 돌다 돌다 발걸음이 멈춘 곳을 보면 결국 항상 왔던 곳이고 그랬어.

여행? 말도 마라. 누구랑 가시는데요? 어디로 가세요? 호텔은 어디에 묵는지 알려주세요! 한 번 가려고 하면 긴 설명이 꼭 필요했고 간섭이 심했다니까…. 엄마한테 허락받는 것보다 더 신경 쓰이고 어려웠던 여행이라고나 할까? 자유로운 여행조차 그때는 쉽지 않았지.

맘 편히 연애도 할 수 없었던 때니까…. 혹시라도 비밀여행을 가는 건 아닐까? 사고가 생기지 않을까? 사전에 방지하겠답시고 사람들의 시선에 먼저 신경 쓰고 하나부터 열까지 철저? 아주 좋게 말해 철저지, 그래서일까? 까다로운 간섭을 뚫고 여행을 떠나면 나를 알아보는 이가 없으니 어디든 방황할 수 있고 그런 시간들이 너무 좋았어. 나에게 방해물인 스트레스와 작별하고 그곳에서 에너지를 담아 다시 나의 일터로 돌아오고."

_W_ "일반인 코스프레하러 가시는 거네요."

_B_ "응. 사실 이렇게 너랑 수다 떨고 있을 때도 사람들은 알아

보잖아. 나를 불편하게 하려고 하는 게 아니라 TV에서 보던 사람이니까 자기도 모르게 어! 하게 되는 거지. 그러다 보니 말도 조심하게 되고 요즘은 또 인터넷이 좀 들썩여? 의식을 안 하려고 해도 아예 안 하면서 살 수는 없지. 어딜 가나 신경이 알게 모르게 쓰이는데, 사람이 평생 그렇게 어찌 사냐고. 그래서 시간만 주어지면 가방 싸서 무작정 나가."

W "이유는 다르지만 틈나면 짐 싸서 무작정 나가는 거는 저랑 되게 비슷하네요. 정기적으로 그렇게 안 하면 다음으로 넘어가는 게 힘들 지경이에요. 프로그램 하나 끝나면 다음 거 시작하기 무섭게 일단 마지막 녹화 2회 정도 남기고 비행기 표 질러요."

B "내 말이 그 말이야. 내가 찾은 유일한 돌파구가 여행이란 이름이지. 일탈, 해방이라고 흔히들 말하잖아. 사실 그렇잖아. 뭔가를 비우고, 다시 시작하는 일들이 컴퓨터에선 쉽지만 인생은 불가능하잖아. 좀 더 구체적으로 말하자면 나 자신을 업데이트하고 싶을 때, 리셋을 원할 때, 그때 여행을 계획하고 떠나지. 새로운 경험을 하고, 그곳에서는 내가 그냥 똑같은 평범한 사람으로 지낼 수 있으니까. 그러면서 내 머릿속도, 마음의 그릇도 비우고⋯.

_B_ "요즘은 가만히 있어도 나를 평가하고, 자기 잣대로 들이대
고, 열심히 사는데도 그런 마음을 흔들고 그러잖아. 내 의지
와는 상관없는 사람들의 평가에 상처받고 모든 걸 떨쳐내는
건 내 몫이고 그 틈에서 자기중심을 잡는 건 정말 쉽지 않
은 일이야. 그래서 혼자 여기저기를 다니며 나를 채운다고
나 할까? 지금 걱정하는 일들이 나가보면 정말 작은 부분들
이라는 것도 깨닫고. 나는 인간의 삶에, 여행이라는 아이템!
빼면 안되는 거라 생각해."

🐝 이 본

라스베가스에서 팜 스프링스까지

왜 그렇게 울었는지
지금도 알 수 없는 특별한 여행

<u>B</u> 여행은 매번 기대된다.

하지만 이번 여행은 그 어떤 때보다 설렌다.

아주 오랜만에 찾은 곳이라 그런가?

라스베가스에 도착했다.

공항에 도착하니 반가운 분들이 눈에 들어왔고

한 사람 한 사람과의 허그를 마친 뒤 차에 올랐다.

난 이제부터 여기서 일어나는 모든 일들을

즐길 각오가 되어 있었다.

약간은 더운 느낌이 드는 라스베가스!

차로 이동을 하며 예전 기억을 되돌려 봤다.

거슬러 올라갈 수 있는 추억이 있다는 게

새삼 행복한 날이었다.

늘 그랬듯 이곳저곳 한참을 걸은 뒤

잊지 못할 저녁을 하고

쉴 만큼 쉬고 팜 스프링스로 향했다.

허허벌판 사막을 지나, 계곡을 지나,

네 시간 정도를 달려야 한다.

중간에 쉬면서 먹는, 돌아서면 또 생각나는 햄버거와

일 년에 한 번 찾을까 말까 한 콜라를 들고

맛있다는 말을 연신 내뱉으며 출출한 배를 채웠다.

내게 많은 걸 배우도록 도와줬던 지인들과 한 차를 타고,

흘러나오는 음악과 앞에서 들려오는

두 사람의 예전 얘기를 들으며 어느새 그들의 추억에 올라타

또 하나의 추억을 만들어가고 있었다.

그라데이션이 환상적인 첩첩산중의 정경들을 나의 눈에,

마음에 새기면서 뒤에 앉아

소리 없이 하염없이 맘껏 눈물을 흘렸다.

왜 눈물이 흘렀을까?

이 책을 쓰는 지금도 이유를 알 수 없다.

어제 일찍 잔 탓에 이른 아침부터 눈을 뜨게 되었다.

이곳의 이른 아침은 어떨까?

궁금했고 배 속도 허해 아침을 간단히 먹으려고 앉았다.

내 눈에 들어온 한 컷.

지긋하고 곱고 인자한 느낌 만발의, 백발의 할머니들!

수다 꽃으로 하루를 시작하는 듯 보였다.

여자들의 수다는 동서양을 막론하고 시끌벅적하구나.

잠시 생각했다.

이 넓은 땅덩어리 위에 누구는 어디에 태어나고

누구는 또 어디에 태어나고.

치열하게 살아 생긴 것 같은 거친 주름,

선한 생각만 해서 생긴 것 같은 고운 인상.

예쁜 나이에 과연 잘 산다는 건 어떤 것일까?

나도 곱게 나이 들고 싶다.

날을 잡아도 어쩜 이렇게 잡았을까?

몇 번을 찾아도 볼 수 없었던 축제의 날이란다.

팜 스프링스에 사는 사람들은 죄다 모인 듯.

레스토랑은 인산인해를 이루고

아이들은 죄다 어른들 목 위에 한자리를 차지했다.

세상 고민도 힘든 일들도 없나?

뭐 이리 평화로운 표정들이야?

나름 준비한 야심작들을 가지고 나와

펼쳐놓고 지나가는 사람들의 눈길을 잡는다.

벼룩시장을 방불케 하는 길거리 풍경.

축제는 늦게까지 이어졌고

많은 시간을 걷고 또 걸었던 하루였다.

문득 세상은 이리도 넓은데 그렇게도 치열하게 지냈나?

잘한 일과 잘못한 일,

이해 가능했던 일들과 그렇지 못했던 일,

내가 해야 할 일들과 부담이 되어

숨이 막힐 것만 같았던 순간까지.

마치 크레이프 케이크처럼,

날 위한 생각을 하나하나 쌓았던 여행이었다.

<u>B</u> 꽤나 오래전, 친구의 권유로
일본 온천을 찾은 적이 있다.
입장료가 다른 곳과 다르게 엄청 비쌌다.
시간도 넉넉지 않고 그냥 샤워만 하고 나오면 되는데
굳이 여길 꼭 가야 하냐는 내 질문에 친구는 단호했다.
싫다고도 할 수 있었지만,
그렇게 강하게 추천하는 데는 이유가 있으려나 싶어
나도 살짝 궁금해져서 경험 삼아 가자고 했다.

거 봐. 별거 없구만….
샤워를 후다닥 마치고 나오면서도
뭐가 특별하다는 건지 이해하기 어려웠고,
나는 실망감을 친구 앞에서 애써 감추며 료칸을 떴다.
그리고 이틀 후,
그 친구는 또다시 그 료칸에 들르자고 했다.

<u>B</u> "거길 또 왜?"

○ "비행기를 탈 때까지 시간 많잖아.

너 가면 또 언제 오겠니? 가자!"

그래서 다시 찾았다.

첫날과는 다르게 시간 여유가 있어서

서두를 필요가 없었다.

샤워를 하고 걸어 들어가 온천수에 몸을 담갔다.

순간 나는 깜짝 놀랐다.

별거 없을 거라 생각해 뒤를 돌아보지도 않았는데,

뒤에 믿기 어려운 장관이 펼쳐져 있던 것이었다.

각종 온천탕부터 그 뒤로 보이는 절경까지.

내 등 뒤로 이런 세계가 있었구나.

며칠 전 왔을 때는 왜 이걸 못 봤지?

내가 엊그제 서있었던 곳과

이곳에서의 시야는 너무도 달랐다.

만약 친구가 또 권하지 않았더라면

나는 두 번 다시 오고 싶지 않은 곳이었고,

누군가 이곳을 가겠다고 하면 분명 말렸을 거다.

근데 모르는 척 다시 와서 찬찬히 둘러보니

이런 곳이 있었구나.

내가 이런 곳을 모르고 지나칠 뻔했구나.

시각에 따라 이렇게 다른데.

잠시만 마음을 열고 돌아보면 알 수 있었을 것을,

잠깐 동안의 경험으로 편견을 가진 내가

내 시야를 가렸다는 사실을.

잘 알지도 못하면서 갖게 되는

사람에 대한 편견은

또 얼마나 섣부르고 어리석은 것인지,

그날 온천에서 한참을 생각했다.

작게든 크게든 경험이 쌓일 때마다

나에게 많은 변화를 가져왔다.

이러니 여행을 사랑하지 않을 수 없다.

나이가 들어가면서
누군가의 말을 들을 기회도 적어지고
들을 마음도 자연히 작아지지만,
여행은 항상 나를 가르친다.
그게 여행을 준비하는 이유이다.

🌱 곽 작 가

W 나름 진취적으로 혼자 잘 여행하는 여성이라고 자부해왔는데,
90년대에, 열아홉 나이에 배낭여행을 한
간 큰 여자가 내 눈앞에 있었다.
모든 '최초'를 만들며 방송국을 휩쓸고 다닌 얘기보다,
20년간 같은 몸매를 유지하는 습관 이야기보다,
그리고 그녀를 통해 들은 그 시절 그 어떤 비하인드스토리보다
제일 쇼킹했다. 그렇다, 그녀는 연예인 되기 전부터
여러모로 난 년(?)이었던 셈이다.

늘 궁금했다.
무명시절도 없이 단 한 번에 떠서 톱스타 반열에 올랐고,
눈치 볼 사람 없이 거침없이 말하는 게 캐릭터인 덕에
어딜 가든 거침없었을 그녀가 어떻게 그 허황된 생활에
물들지 않고 항상 자기중심을 지켰는지를.
동료들이 유흥에 빠져있을 때 술 한 잔 안 하는 대신,
방송국 계단을 꾸준히 오르내렸고,
남들 유흥비로 거의 국내 최초 개인 PT를 받았다는

이야기들이 실제로 어떻게 가능했을지를.

그리고 그것이 이 이야기를 들으면서 이해가 갔다.

열아홉 살에 겁 없이 외국에 나와서

무일푼이 돼서도 혼자 해결하려고 애쓰고,

말 안 통하는 외국 도시들을 직접 부딪치면서

세상을 눈에 담아본 그녀이니 가능한 일이었을 것이다.

주변에 갑자기 사람이 늘어나고,

뭐든 남의 손을 빌려 해결할 수 있는 여건이 마련됐어도

그 세상이 얼마나 작은 것인지

스무 살이 되기 전에 이미 본 여자는

별천지에서 중심을 잡고 자신만의 세계를 만들어두는 일이

얼마나 중요한 것인지 누구보다 잘 알고 있었으리라.

현재를 즐기는 법,

화려한 풍경에 속지 않는 법,

자기 사람을 알아보는 법,

직접 해야 하는 일과 누군가에게 도움을 받아 가며

관계를 발전시켜도 되는 일을 구분하는 법.
직접 삶으로 깨달은 것들이
지금의 단단한 그녀를 만들었겠지.

_W_ "언니 다음에 외국 언제 나가요?"

_B_ "왜?"

_W_ "저 따라가게요. 왠지 언니랑 다니면
막 멋있게 사는 현대 도시 여성처럼
영화같이 조깅하고 이러면서 맛난 데만 찾아다니고
그러기 좋을 것 같아요. 어떻게 다녀야 다 먹으면서
여행 요요도 없나 궁금하기도 하고."

_B_ "와 ~ . 네 몸 갖고 네가 온다는데 누가 뭐래."

_W_ "앗싸. 어디 가실 건데요?"

_B_ "때 되면 항상 가는 데가 있는데….
이미 티켓도 예약해놨고.
특히나 연말이 되면 나가고 싶다는 생각이 드는 곳,
시드니!"

낯선 느낌 없이, 걱정 없이 지내기에는

거기가 천국이야 나한테는.

한동안 병간호에, 학교에, 틈틈이 생겨나는 일에

꽤 오래 호주를 멀리 했던 거 같네. 재미있겠다."

W "저 호주 한 번도 안 가봤어요.

날짜 나오면 알려주세요.

아 진짜 재밌겠다."

B "연말에 갈 거야. 있는 동안 놀러 올 거면

28일에서 다음 해 연 초 정도로 끊으면 되겠다."

W "가면 언니는 주로 뭐 해요?"

B "뭐 하긴, 도착하자마자 눈 운동하기 바쁘지 나야.

눈에 담고 싶은 거 담기! 탐색 정도라고 하자.

거리, 문화, 패션, 멋진 남녀, 요리 등.

눈이 즐거우면 맘이 태평양 같아지지 않아?"

🐝 이 본

그 날, 뉴욕의 겨울

_B_   곽 작가 말이 재미있었다.

일반인 코스프레. 그럴 수도 있겠다.

그런 여행이라면 단연 뉴욕이 생각난다!

오래전 메이크업 아티스트로 활동을 하던

아끼는 동생이 하나 있었다.

그 친구가 갑자기

∘ "뉴욕에서 공부 좀 해보고 싶은데 언니 생각은 어때요?"

라고 묻길래 섭섭한 마음이 가득했지만

_B_   "좋은데? 어서 가. 가서 하고 싶었던 공부 더 해"

라고 등 떠민 적이 있다.

∘ "언니가 가지 말라고 하면 고민했을 텐데….

그렇게 말해주니 홀가분하다"

라며 떠난 동생이었다.

아무도 없는 곳에 가서 홀로 얼마나 힘들었을까?
굳이 경험하지 않아도 알 수 있는 부분이다.
힘들 때마다 톡을 보내오고 그때마다
다시 서는 데 도움이 되게 해주려고 졸린 눈을 비벼가며
긴 톡을 주고받곤 했다. 그런 동생에게서 전화가 걸려왔다.

∘ "언니, 저 유미예요."
_B_ "어! 유미야 아픈데 없고? 잘 지내?"
∘ "네. 근데 언니 저 한국 들어 가려고요…."

잘 버틴다더니 왜?
그녀 입에서 너무 힘들다는 말이 떨어지기 무섭게,
어차피 나 역시 어디든 나가려고 했던 터라 말을 던졌다.

_B_ "유미야, 언니가 뉴욕으로 갈게.

어차피 너도 보고 싶었고
공연도 보러 가려고 했었는데 잘 됐다."

그렇게 추운 뉴욕으로 무작정 떠났었다.
지금 그 동생은 어린 나이에도 약속에 늘 철저했던
무기를 살려 바쁜 도시 뉴욕에서 메이크업 아티스트로
당당하게 인정받으며 굳건히 자리를 잡았다.
기특한 것!
그래서 발을 디뎠던 뉴욕!
기다랗고 굵직한 빌딩들 사이여서 더 그랬을까?
그때의 그 바람은 날을 바짝 세운 칼로
볼을 벨 것 같은 느낌이 들 정도로 차갑고 매서웠다.
장갑에 털 모자에 온몸을 두터운 코트로 둘둘 말고도
"아! 춥다" 라는 말이 절로 나왔다.
걷다가 걷다가 힘들면 카페에 쏙 들어가
따스한 커피 한 잔에 몸을 녹이고
모르는 사람과도 눈인사를 주고받고,

물론 다 그런 건 아니다.

눈인사는커녕 민망할 정도로

쌩하니 지나가는 이들도 있지만

대부분 누가 먼저랄 것도 없이 입꼬리를 올려주며 웃는다.

마음이 따뜻해지는 순간이다.

몰 워커 *Mall Walker* 라고 들어봤는가?

운동이랑 쇼핑을 겸하면서 신나게 걸어 다니는!

해도 해도 즐거운 쇼핑에

자연스럽게 치고 나가는 빠른 걷기까지.

그렇게 걸어 걸어 도착한 곳들이 전부 나를 기쁘게 했다.

심지어 그 추위에도 공연을 보려고

티켓을 끊으려는 사람들로 붐비는

그 긴 줄을 칭칭 동여 맨 목도리 안으로

얼굴을 넣었다 뺐다를 반복하며 끈질기게 버텨

티켓을 드디어 손에 넣었고,

공연을 보고 나와서는 속 시원한 숨을 내쉬게 했던 그날.

시간이 지난 지금도 거친 찬바람이 불기 시작하고

눈이 펑펑 내리는 날이면 어김없이 뉴욕이 떠오른다.

일반인 이본으로 행복하게 날뛰던

그날을 잊을 수가 없다.

난.

B "작가야, 사람들의 걸음걸이를 유심히 본 적 있어?

나는 어디든 도착하면 제일 눈에 들어오는 게 '걸음걸이'야.

더 웃긴 건 뭔 줄 알아?

너 사람 발걸음을 보면 대충 성격이 흘러나온다는 말

들어본 적 있어?"

W "말투는 그런 경우가 있다고 들었는데 걸음걸이는…. 아뇨."

B "나는 사람들의 걸음걸이 보는 게 취미라면 취미야.

운동 삼아 공원을 걸을 때도 앞선 사람들의 발걸음을

뒤따라 걸으며 관찰하고 여행을 와서도

나는 걸음걸이를 보는 게 그게 그렇게 재밌다.

보폭이 큰 사람,

체구에 안 맞게 종종걸음인 사람,

유독 빠른 걸음,

세상 편한 느린 걸음,

뒤꿈치부터 딛고 걷는 사람,

신발을 끌며 걷는 사람,

터벅터벅 내딛는 걸음,

박력 있는 걸음 등.

그렇게 살피기를 오래 하다 보니,

이런 걸음걸이를 가진 사람들이 성격이 이렇던데?

근데 신기하게 맞을 때가 많아.

난 그런 재미에 여행하는데,

너는 어때?"

다른 모양
같은 생각

<u>W</u> 언니랑 내 여행 패턴은 둘 다 목적이 같아서인지 모양이 반대다. 한국에서의 삶과 다른 걸 하러 나간다. 언니는 직접 사람들 사는 모습을 대놓고 구경하며 일반인 코스프레를 한다는데, 내가 딱그 반대다. 평소 한국에서 일하며 뭔가를 계획하고, 어레인지하고, 회의하고, 섭외하느라 백방을 싸다니는 게 일인 나는 어딘가에 나가서 아무것도 안 하느라 바쁘다.

마음에 드는 도시 하나를 잡아서 숙소 주변 바 하나를 물색한후 대낮부터 콕 박혀서 음악 듣고, 좀처럼 안 움직인다. 12시 이전에는 애초에 숙소를 나서지도 않을 때도 있다. 그날 뭘 할지도 계획하지 않는다. 하다 하다 할 게 없으면 숙소 로비에 가서 '나 오늘 뭐할까?' 하고 묻기는 한다. 대체로 '멍 때린다' '요리를 2개 이상 시킨다' '요리에 맞게 술도 시킨다' 외에는 원칙이 없다. 그럴 거면 왜나가냐는 이들도 있지만 어차피 내가 멍 때리고 앉아있더라도 환경이 다르면 그걸로 됐다. '쟤 저걸 다 먹네' 하고 곁눈질하는 바텐더도 여행의 일부, 내 옆에 앉아 함께 콩알만한 스크린으로 축구를 보며 생맥주를 먹는 배 나온 아저씨도 여행의 일부다. 아무것도 안 하고 숨만 쉬고 있어도 다 새로우면서 동시에 익숙한 것, 그게 내 여행이다. 그러다 그러기도 심심하면 게스트하우스에서 마음 맞는 사람들과 수다를 떨면서 이야기를 듣는다. 어떤 모양으로 사는지, 어

떤 모양으로 여행하는 중인지.

혼자만의 여행을 즐기다가 그게 심심해질 때쯤 삼삼오오 사람을 모아 만들어보는 저녁 급모임처럼, 다른 모양인 언니의 여행이 궁금해졌다. 여행은 혼자 해야 한다는 원칙 아닌 원칙이 있었지만, 이번만은 따라가보기로 했다. 이본이 어떻게 여행하는지 구경하는 걸 이번 여행에서 나만의 테마로 삼기로 하고, 즐겁고 예쁘고 건강하게 여행한다는 이본의 이야기가 실제로 어떻게 펼쳐지는지 구경해야겠다 생각하면서 짐을 쌌다.

23년 차 여배우의
여행가방

W 이 여자의 여행 습관을 파헤쳐 보리라(고 다짐하는 척 시드니 구경을
해볼 마음에 들떠서) 짐을 싸다가 손이 멈췄다. 이걸로 될까? 같이 따
라다닐 생각을 하니 순간 걱정이 돼서 몇 가지를 적어 보냈다.

- 하이힐 : 가져가야지. 어디 파티라도 갈지 모르니까.
- 드레스 : 같은 이유
- 플랫슈즈, 스니커즈 : 돌아다닐 때 발 아프니까…
- 보틀 : 외국은 물도 비싸고 나는 물 많이 먹는 여성이므로.
- 노트북 : 피드백 기다리는 일이 있는 프리랜서의 비애.
- 우롱차 티백 여러 개 : 평소 타먹는 레몬을 가져가긴 어려우
  니 대체용으로.
- 핸드크림 : 원래 용도 + 집에 있는 무거운 바디로션 대체품
  으로. 아낌없이 몸에 바르고 다 쓰고 버리고 오면 된다.

W "언니 저 호주 가는 게 처음이라서…. 이렇게 가져갈까 하
는데 어때요?"

B "작가야 하이힐이 웬 말이냐? 드레스코드 있는 레스토랑 너
랑 나랑 갈 일도 없을 테고. 막 돌아다니고 싶다며, 나 쫓아
서? 이렇게 싸와서 나랑 여행하면 온몸이 좀 아프겠다. 카

메라 최대로 작은 거. 간단한 걸 넣을 만한 작은 백, 운동화, 물병! 끝이지 뭐. 가방이 크고 짐이 많으면 그걸 어떻게 매번 짊어지고 다닐래? 그리고 걷다가 못 따라다니겠다고 징 징대기 없기!"

_W_ "콜. 근데 언니는 뭐 챙겨서 나가요?"

이본의 여행가방

나는 여행을 떠나기 전 메모를 하기 시작한다.

이유는 도착해서 답도 없이 "아~그걸 안 갖고 왔네."

하기 싫어서이다.

물론 안 가져왔으면 사면된다.

하지만 그렇게 몇 번을 하다 보면

같은 것들이 열댓 개 된다.

먼저 눈 뜨면 내가 하는 루틴이 있다.

일어나 세안을 하러 가는 것부터

잠들기 전 내가 하는 모든 것들을 떠올리며

메모를 하고 여행의 목적과

여행하는 나라의 날씨를 고려해 첨가할 것,

빼야 할 것을 하나하나 적는다.

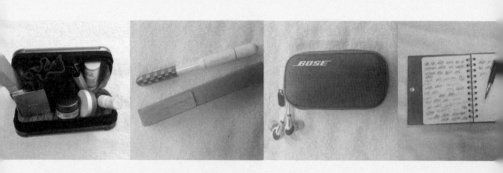

기내에서 필요한 것들

- 얼굴 팩, 아이 팩, 비상약 팩
- 목 베개
- 이어폰
- 미스트
- 거울
- 책
- 휴대용 얼굴 마사지 도구(괄사)
- 미스트
- 안대
- 음악과 노트북

틈만 나면 숨어드는 도시,
이본이 오롯이 나일 수 있는 그 곳,
Sydney

<u>B</u> 나에게는 참 의미 있는 곳, Sydney! 1994년, 모 의류 광고차 찾게 되었던 도시이다. 그때만 해도 해외로케 촬영이 그렇게 많지 않았는데 툭하면 나가게 되었던 곳들. 브리스번, 골드코스트, 아들레이드, 멜버른….

그때 호주의 그림을 기억하고 있다. 지금은 차들도 많아져 심지어 막히기까지 하고 운전 실력들도 굉장히 터프해졌지만, 그때는 도로에 클래식한 차들이 간간이 눈에 띌 뿐, 차 자체가 많지 않았다. 도로 위를 운전하며 달려도 내가 가는 도로는 내 도로다 할 정도로 끼어드는 차는 보기 어려웠다. 또 한번은 크리스마스가 꽤 지난 후였는데도 지난 크리스마스를 저렇게 보냈구나 알 수 있을 정도로 크리스마스트리, 산타클로스, 번쩍이는 전구들, 포장된 선물의 잔상들이 집 곳곳에 고스란히 남아 있었다. 어딜 가나 넉넉한 사람들의 웃음에 온화함까지 느껴졌던, 시드니는 그런 곳이었다.

그렇게 호주에서 촬영하는 횟수가 많아지며 자연스레 알게 된 스텝들이 이제는 만나면 허심탄회하게 못할 얘기가 없는 그런 오빠, 언니들이 되어버렸다. 심지어 내가 처음 데뷔를 할 때 나의 헤어를 담당해 주셨던 올 록키 샘! 호주로 이민을 갔다고 해서 엄청 서운했는데 이게 웬일? 샘은 내 손바닥 안! 시드니에 가서는 그 샘을 찾아 머리를 하기도 한다.

지금은 남동생이 살고 있는 곳이어서 더 남다른 곳! 휴식이 필요할 때 맘 편히 떠날 수 있고 친밀감을 곳곳에서 느낄 수 있는, 나에게는 고향 같은 존재가 되어버린 도시다.

드디어, 호주 행 비행기를 탔다. 3년 만에 찾은 호주. 그동안 아빠와 엄마를 보내드리느라 등한시했었는데…. 한국에서 떠나기 전 "나 간다"라는 얘기를 사방에 퍼트렸다. 그래서인지 도착하자마자 "잘 왔어? 진짜 오랜만에 왔네" "이날 시간 어때? 얼굴 봐야지" "뭐 먹을래? 먹고 싶었던 거 말해봐" "얼마나 있을 거야?" "우리 어디 놀러 가자" 등…. 오랜만에 오니 좋구나 좋아.

🍂 이 본

B   12월 24일, 이 날도 40도를 넘어섰다.

물고기 비늘 마냥 반짝거리는 비치에,

보기만 해도 더워 보이는

산타 모자를 너나 할 것 없이 쓰고

타월을 깔고 일광욕을 즐기기 위해

모래 위에 쓰러져 있는 매력적인 남녀들!

한 손에는 태닝 오일, 다른 한 손에는 아이스크림.

여러 가지 그림들이 펼쳐지는 이곳에서

크리스마스이브를 보낸다는 건

한번은 해봐야 할 흥미로운 일들 중 하나이다.

그 속에서 주고받은 엄마와의 메시지 내용은 이렇다.

◦   "너 호주 가고 여기는 눈이 펑펑 내린다"

B   "하하. 엄마 여기는 40도가 넘었어."

12월 25일, 어김없이 바쁘다.

낮에는 비치에서 뒹굴 거리다 뜨거운 햇살이 사그라질 때쯤

우리 시드니 패밀리들은
바비큐 파티를 할 수 있는 공간으로 자리를 옮겼다.
바리바리 싸온 고기부터 해산물,
샐러드, 과일, 마른안주에
샴페인, 와인, 맥주, 소주까지
알코올의 종류도 참으로 다양하게 펼쳐진다.
각자 준비한 먹거리들을 펼쳐놓고
본격적으로 시작되는 바비큐파티!

여기서 신기하건,
사전에 얘기한 적이 없는데도,
각자 준비한 음식이 겹치지 않았다는 것이다.
시작은 일로 맺어진 인연이지만
무심코 생각이 날 때면
너무나 보고픈 가족 같은 이들.

호주까지 쫓아오는 근성,
작가가 나타났다

_B_ 파티 한 판을 벌이고 들어와 나만의 휴식을 취할 때쯤, 핸드폰이 울려댔다.

_W_ "언니 뭐 빠뜨린 거 없어요? 제가 챙겨 갈게요."

"언니 저 단단히 준비했어요."

"언니 저 공항 가요. 가서 연락드릴게요."

"언니 저 시드니 공항 도착했어요!"

_B_ 와 얘 진짜 왔어….

시드니 쫓아온다고 할 때 그래라~ 했는데, 곽 작가는 뭐든 말을 하면 행동으로 옮긴다. 운동 얘기를 들으면서 "와, 나도 해 봐야지." 하길래 그래, 너처럼 말하는 애가 한둘이냐 했는데 진짜 해보고 10kg 빼고 나타나고, "그래, 한 번 보자." 하면 "언니 우리 언제 봐요?" 하며 내가 있는 곳에 짠하고 나타나고. 심지어 시드니도 진짜로 온다. 행동력 하나는 최고다.

단단히 마음먹고 야심차게 왔을 곽 작가! 불쌍하게도, 도착한 순간부터 호주 날씨가 심술을 부리기 시작했다. 나 혼자면 날씨 체크를 전혀 하지 않는다. 날이 맑으면 좋은 거고, 흐리면 흐린대로,

비가 오면 또 어떠하리였는데….

　이곳이 처음이라는 작가의 말이 자꾸 떠올라 상세하게 날씨 정보를 체크하고 또 체크했다.

　밤새도록 비가 내렸는데도 뭐가 모자라 하염없이 내리는지….작가야, 너 서운해서 어떡하니?

이본,
시드니에서 이중생활을 하다

_W_ 도착한 직후에는 분명 부슬비였는데, 언니와 만나기로 한 카페에 가까워져 갈수록 미친 듯이 비가 내렸다. 한국에서 동생분 주려고 바리바리 싸온 선물들은 종이가방이 젖어서 다 떨어져 내릴 정도로 아슬아슬했다. 그냥 어느 역에서 보자고 하면 되지, 왜 하필 카페람. 가서 또 커피 한 잔의 여유~ 하면서 인스타그램 업데이트나 하고 계시려니 하고 있었다. 그리고 모퉁이를 돌아 카페에 도착했다. 작지만 사람이 바글바글한 분위기 있는 공간.

_W_ "언니!"
_B_ "응 작가야! 오느라고 수고했어. 거기 어디 앉아있어."
_W_ "왜요…? 언니는 어딜 가게?"

_W_ 엉거주춤 가까운 자리에 앉았는데, 이 언니는 쉼 없이 분주하다. 무슨 문을 열고 나오길래 화장실에서 나온 줄 알았는데 거긴 주방이었다. 주방에서 물건 꺼내고, 손님에게 설명하고, 바에서 커피를 내 오고. 아니 이본 언니가 여기서, 알바를 하고 있다…?

_B_ "작가야 너 커피 마셨어? 뭐 마실래? 밥은 먹었어? 오느라고 힘들었지?"

W 메뉴를 가져와서 들이미는 언니.
보통 상황을 먼저 설명해주지 않나요?

B "아, 맞다 맞다. 여기는 곽 작가고 여기는 내 동생이야. 그
리고 동생 와이프… 또 여기는, 그래 애도 내 동생이야. 그
리고 이쪽은 내 동생의 동생. 근데 애는 호주에서 태어났
어."

W 잠시만요 좀 정리를 하고….

W "동생분이 하시는 카페가 여기예요? 그러면 이 분은 언니
막냇동생이신 거예요?"
B "아니지. 애가 내 동생이고, 애도 내 동생인데 애는 내 동생
의 동생이라고."

W 그렇게 우당탕탕 설명을 마치고 다시 주방으로 다시 들어가는
언니. 동생분 드리려고 한국에서 챙겨온 선물을 어느 분께 드려야
하나 난감한 나.
결국 정리하면 그렇다. 이 카페의 주인공인 바리스타는 진짜 친

동생. 그리고 아내분도 사실상 친동생처럼 지내는 사이. 그리고 거기에 함께 있던 동생분과 닮은 '동생의 동생'의 정체는 친동생과 절친하게 지내는 호주 교포였던 거다.

결국 다 위 아더 월드, 다 내 동생, 그러니까 그냥 너는 그렇게 알고 있으면 된다는 그런 설명이었다. 이 여자에게는 '동생'이 혈연만을 의미하지 않는다. 아마 세계 여기저기에 그런 식의 '동생'과 '언니'와 '오빠'들이 산재해 있을 것이다.

W "이렇게 많으신 줄 알았으면 뭘 좀 더 챙겨올걸…."
B "됐어! 무겁게 뭐 이런 거 가져왔어? 지들이 알아서 갈라 먹을 거야."
"아 그리고 너 이거 하나 가져가라. 이게 밀크 티로 우유랑 섞어서 먹으면 그렇게 맛있대."

W 방금 비운 가방이 다시 들어찼다. 서울에서 가는 카페마다 이거는 향이 별로네, 얘는 크레마가 하나도 없네 하더라니… 호주 로컬 카페에서 아르바이트생 포스를 풍기는 이 여자가 가지고 나타난 건 친동생이 직접 만들어 주신 롱블랙. 꾸덕꾸덕해 보일 정도로 진한 크레마와 피곤이 날아갈 정도로 떵한 블랙커피였다. 거기다 먹음

직스러운 버거! 외국만 나오면 혼자 씩씩하게 다 잘 먹는 성격대로
염치 불고하고 싹싹 다 비웠다.

배가 부르고 나니 그제야 이 여자의 복장이 눈에 들어왔다.

무대 위에서 테일러드 재킷에 완벽한 메이크업을 하고 신나게
방청객에게 사진을 찍혔던 연예인은 완전히 다른 모습으로 분주했
다. 민낯에 야상 같은 우비, 레깅스, 하얀 스니커즈, 그리고 손에 든
쟁반. 조금씩 감이 왔다. 이 여자에게 시드니가 어떤 곳인지.

서로 마음을 뺏긴 Mall Walker
○
QVB

W 가기 전에 "시드니 가면 갈 곳"을 체크한 곳들이 있었다. 비가 억수같이 쏟아지는 바람에 1등으로 당첨된 곳, 퀸 빅토리아 빌딩. 세계에서 가장 예쁜 쇼핑몰!

B "어디? QVB? 아~ 거기 관광객들 많이 가는 데잖아."

W "저 관광객이에요…."

B "그래 그럼 거기 가자!"

W "옷 갈아입고 가실 거예요?"

B "쇼핑 가는 거 아니야? 계속 걸어야 되니까 제일 편하게 입어. 이 옷 저 옷 입어보기 수월하게. 그리고 가서 맘 바뀌면 사서 바로 입으면 되지. 가자! 여자들이 쇼핑할 때만큼 많이 걸을 때가 어디 있냐. 더더욱 발이 편한 걸 신어줘야지. 공간과 공간 사이는 빠른 걸음으로, 쇼핑을 할 때는 어슬렁어슬렁. 그러면서 하루 종일 돌아다니면 눈은 즐겁고 칼로리 소모되고, 나중에 체크해 봐. 엄청 걸었을 걸?"

W 그래서, 우비 차림의 그녀와 퀸 빅토리아 빌딩으로 튀었다.
    새 원피스를 입고 나오자 그때부터는 대놓고 패션쇼 구경 모드로 서서 다리를 꼬고 지켜봤다.

긴 원피스를 두 번째쯤 피팅해 보던 그녀는, 고개를 갸웃거리더니 원피스를 위로 묶고, 아래로 묶고, 한 쪽 소매를 걷고 내리면서 이렇게 저렇게 연구를 시작했다. 통짜 드레스였던 옷이 미니스커트도 됐다가, 오프숄더 셔츠도 됐다가 하는 모습을 바라보며 점원도 함께 구경을 시작하다가 몇 번은 거들었다. 주는 대로 안 입는 걸로는 이미 20년 전부터 유명했던, 뭐든 자기 식으로 해야 직성이 풀리는 여자는 쇼핑도 독특하게 한다. 레깅스 하나 장착했던 복장이 빛을 발하는 순간이었다.

B 분명 패션에는 유행이 있다. 이런 말들도 들어봤을 거다. "유행은 돌고 돈다" 언제는 부츠컷 청바지를 살려고 혈안이 되고 또 언제는 스키니가 대세라 스키니를 찾는 이들이 늘어나고. 자기 치수보다 훨씬 큰 옷을 걸치고 걷어 입을 때가 있었는가 하면 체형에 타이트하게 딱 맞는 스타일을 추구할 때도 있었고, 스냅백도 몇 번은 사라졌다 등장한 것 중 하나이다.

'그냥 입고 싶은 대로 입으면 되지 유행은 무슨'이라고 생각했었는데, 여러 변천사들이 있는 거 보면 참…. 누가 어디서 이런 바람을 바꾸는 걸까?

난. 유행에 그닥 민감하지 않다. 깔 맞춤도 NO! 나에게 깔 맞춤은 운동할 때뿐이다.

3색 이상은 걸치는 게 나의 노하우? 나의 스타일이다. 때와 장소에 신경을 써야 할 때 빼놓고는 옷을 선택하는데 오래 걸리지 않는다. 그날의 기분에 따라 옷을 선택한다. 옷을 고르기 귀찮을 때는 백이나 신발에 포인트로 해결하는 편이고 평소 흰 티에 청바지를 젤 사랑하고, 피부가 까무잡잡한 편이라 잔잔하고 그윽한 색상의 옷은 피한다. 딱히 추구하는 스타일은 없지만 의외로 남들이 꺼리는 옷에 손이 간다.

_W_ 퀸 빅토리아 빌딩을 나와서도, 우리는 우산을 받쳐 들고 열심히 걸어서 쇼핑을 했다. 몇 번째인지도 모를 샵에 도달해서 한참 쇼핑을 하던 와중, 그녀가 저 멀리서 "곽 작가!"를 외치며 빠르게 걸어왔다. 양손에 핫팬츠, 모자, 재킷 등을 한 아름 들고서.

_W_ "뭐예요 이게?"
_B_ "이거 너한테 어울릴 것 같아서. 가격도 맘에 든다. 착하고
    예쁘네."
_W_ "예쁘다! 근데 너무 튀지 않아요? 저는 연예인도 아닌데.
    예쁘기는 예쁜데."

B "무슨 상관이야 연예인이 아닌 게? 예쁘면 입고 말면 마는
거지? 의외로 촌스러운 소리 한다 또."

W 나도 그럴 수 있었으면 좋겠다고요. 진심으로. 챙 오백 미터는
될 듯한 모자 같은 거 쓰고, 과감한 액세서리 막 두르고 그러고 다
니고 싶은데 그게 되냐고.

B "그럼 이건? 반바지. 우리 해변 갈 때도 입고."
W "예쁘네요. 저 반바지 하나도 없는데…."
B "응 가서 입어봐. 내가 가서 봐줄까?"
W "아니에요. 제가 그냥 입어보고 올게요."
B "왜? 내가 봐준다니까."
W "에이 그냥 제가…"

B 사람들은 생각도 행동도 반응도 다 다르다는 걸 순간 잊을 뻔했
다. 나는 옷을 입어보고 밖으로 나와 의견들을 살펴보는데 곽 작가
는 안에서 입어보고 혼자 거울보고 스스로 판단을 이미 하고 살지
말지를 결정하는 스타일이었다.

_W_　반바지라니. 내 인생에 반바지 같은 게 있었던 적이 있었나. 반바지란 무릇 집에서 월드컵 때 입고 남은 비더 레즈 티에 아빠 사각 팬티인지 엄마가 태국에서 사온 고쟁이인지 모를 것을 잠옷 대용으로 입을 때나 착용하던 그런 아이템이잖아.

_W_　하비(하체비만)에게 반바지는 있을 수도 없고 있어서도 안 되는 아이템이다. 기껏 살을 뺐어도 그건 마찬가지다. 그 대단한 허벅지를 내놓는 것은 너무 큰 용기가 필요하고 또….

_W_　"저 허벅지 나오는 거 입으면 진짜 큰일 나요."

_B_　"왜?"

_W_　"허벅지 안 날씬해서요."

_B_　"무슨 상관이야?"

_W_　물론 세상 모든 사람들이 내 허벅지만 보고 살지는 않는다. 하지만 허벅지를 죽도록 사수하던 여자에게 핫팬츠를 입는 일이란, '저기 방금 눈 마주쳤는데 나 나쁘지 않으면 그냥 잠깐 만나볼래요? 아니면 말고'같은 추파를 던지는 것과 비슷한 수준의 용기를 필요로 하는 것이다. 그런다고 누가 막 잡아가지도 않고, 한 번 사는 인생 마음대로 하는 거 누가 뭐라 하냐만, 그래도 현실에서 뭘

또 굳이, 뭘 또 유난스럽게, 그런 아이템.

B "너 허벅지가 어디가 어때서? 요즘은 그런 허벅지가 대세 아냐? 고도비만도 아닌데 뭐. 허벅지가 힘 있고 굵다 정도 는 예쁜 거라니까"

W "살 더 빼야 돼요~"

B "백날 더 빼봐라. 허벅지가 가는 여자가 예쁘다고 추앙받는 시절은 쉽게 오지 않을 듯 싶다."

W 한번만 더 안 입는다 소릴 하면 진짜로 혼날 것 같았다. 일단 피 팅룸에 가서 옷을 들고 들어와서 다른 것들을 먼저 입었다. 평소 같 으면 입어보지도 않고 가지고 나가서 안 맞아요~ 했겠지만, 한참을 노려보다 입었다. 세상에나 똥꼬치마마냥 짧구먼. 이걸 입고 어딜 돌아다녀? 하는 마음과 의외로 나쁘지 않은데? 싶은 생각이 동시 에 스쳤다. 갑자기 덥석 들고 나가서 계산할 용기까지는 생기지 않 았지만 속으로 다짐은 했다. 지금은 겨울이고 사봤자 바로 못 입으 니까, 지금은 내려놓자. 하지만 한국에 돌아가서 반년 후 여름이 오 면 반드시 사야지. 그리고 돌아다녀 봐야지. 언제는 얼굴이 초미녀 여서 내놓고 다녔나 뭐, 올여름부터는 핫팬츠 입는 여자가 되자! 하

면서. 그녀가 항상 나에게 "요즘 애들은 정해줘야지, 의견을 물으면
안 되더라고." 할 때 격한 반기를 들었었는데, 핫팬츠 건은 인정하
지 않을 수 없었다. 그래, 이 여자가 등 떠민 덕에 옷장 아이템 하나
가 올여름 추가될 예정이다.

핫팬츠를 안 입는 것과 비슷한 이유로, 비키니 입고 워터파크도
잘 안 갔었다. 이번에는 말 나온 김에 해변은 꼭 가겠다며, 비키니
를 집어 들어서 광속으로 구입했다. 신기하게 쇼핑 스타일이 비슷
해서 굳이 서로 봐 달라고 하지도 않고, 결정도 빨라서 후딱 진도가
나갔다.

🐝 이본 × 🐝 곽 작 가

_B_ 비가 하염없이 내리던 날 밤,
  비도 피할 겸 고즈넉한 카페를 찾아 앉았다.

_B_ "작가야, 시드니 오면 뭘 해보고 싶었는데?"
_W_ "캥거루 보고 맥주 마시고,
  상의 탈의하고 서핑 하는 훈남 구경을 하고 싶어요."

_B_ 표정이 너무 진지해서
  차마 외면할 수가 없었다.
  오늘까지만 내리고 비가 그쳐야 할 텐데….
  다음날, 아침에 눈을 뜨자마자 커튼을 젖혔다.
  비 온 뒤라 깨끗 그 자체에
  햇살이 엄청 뜨거울 것 같은 날씨가 방긋대고 있었다.
  나는 며칠 째 속이 좋지 않고
  감기 기운도 있었지만,
  오랜만에 이렇게 해가 반짝이는데
  비 오는 풍경만 보던 곽 작가와

아무 데도 안 갈 수 있나.
어제 카페에서 곽 작가의 요구 사항은 명확했다.

_W_ "언니, 서핑 훈남이요. 서핑 훈남."

_B_ 그래, 좋다.
서핑 훈남들에게 곽 작가를 맡겨두고
낮잠이라도 청하기로 하고, 비치로 향했다.
해변에 오면 항상 하던 대로,
가장 한가한 곳에 자리를 잡은 후
모래로 베개부터 만들었다.
비치 타월을 깔고 이어폰을 끼고 음악을 틀었다.
그렇게 울부짖던 서핑 훈남 구경과
셀카 삼매경에 빠져 혼자 잘 노는 곽 작가를 방목해두고
에라 모르겠다 눈을 감았다.
이것 역시 한국에서는 쉽게 할 수 없는 일이니까.
도시가 가진 모든 걸 누리면서도

언제든 드러누워 잠 잘 수 있는
아름다운 해변이 많은 도시.
어디든 이렇게 비치타월 하나 들고 나와서
낮잠 잘 곳만 있으면
그게 웬만한 스위트룸을 능가하는 천국이다.
음…. 바람도 불어오고 오랜만에 쏟아진 햇살 덕에
누워 잠들기는 최적이구나.

W 사람이 어떻게 3분 만에 잘 수가 있지?
해변만 가면 아무 데서나
잘 잔다는 얘기는 들었는데,
정말로 곧바로 기절했다.
외국 체질, 해변 체질이 어딜 가나.
그녀를 한 켠에 그렇게 고이 재워(?) 두고,
혼자 놀기에 심취했다.
어디 올리지도 못할 비키니 사진도 몇 장 찍어보고,
흠흠 그래, 운동한 보람이 있어, 하면서.

내 옆에서 세상모르고 잠든
구릿빛 언니만은 못 해도,
아무리 떠동갑이어도 그녀는 연예인이잖아~ 라는
이상한 자기 위안을 하면서.
사람 구경 신나게 하면서 해변을 따라 걸었다.
서핑 훈남, 비치발리볼 훈남, 심지어 상의 탈의하고
배낭만 매고 헤드폰 끼고 스케이트보드 타고 지나가는
스케이터보이 훈남까지.
시드니 훈남들은 여기 다 있구나.
어쩌나 다들 몸매도 manly한지, 오 manly beach.

참새가 방앗간 못 지나친다고,
열심히 걸어 끝에 다다랐을 때
눈에 보인 간판이 발길을 붙잡았다.
시드니 갈 꿈에 부풀어있을 때 봤던
피시 앤 칩스 맛집!
여기까지 왔으면 저건 먹어봐야겠다 싶어서

가게로 가서 하나를 샀다.
그러고 보니 시간이 꽤 지나있었다.
핸드폰도 안 가져와서 그녀가 지금쯤
어디 갔는지 놀랐을 것 같아서 마음이 초조해졌다.
종종걸음으로 걸어서 우리가 있던 곳을 찾는데,
아직도 자고 있어….

그녀는 라틴계 여자처럼
골고루 더 멋지게 구워져서는,
지나가는 사람들 시선을 받으며 그대로 잘 자고 있었다.
일어나서 사람 없어진 줄 알고 놀랄까 봐 걱정했던 터라
다행인데 신기했다.
피시 앤 칩스 한 입 하시라고,
손가락을 톡톡 쳤는데도 반응이 없다.
이 여자 죽은 거 아니야?

W   "언니! 언니!"

_B_ 깜짝이야!

더 잘 수 있는데….

더 잠들고픈데 단잠을 깨운다.

시계를 보니 한 시간 반 정도 눈을 붙인 거였다.

곽 작가는 이렇게 해변에서 잘 자는 사람 처음 봤다고,

내가 잠든 사이 얼마나 많은 걸 했는지 쫑알쫑알 얘기했다.

안구정화 실컷 한 자랑과 함께

유명하다는 피시 앤 칩스를 사가지고 왔다며

평소에 튀긴 걸 좋아하지 않고 속도 좋지 않았지만

곽 작가의 정성을 생각해서 하나 집어 들었다.

하버브릿지를 달리는
델마와 루이스
Rocks

W "와! 언니 오페라하우스 아이보리색이네요? 흰색이 아니구
만! 여기 진짜 예뻐요! 여기 완전 오길 잘 했어요. 언니 저
기도 가 봐요!"

B "예쁘긴 뭐가 예뻐"라고 말은 했지만 나도 처음 봤을 때 저렇게
감탄했던 기억이 난다. '그래, 맘껏 설레고 많이 행복해라'라는 생
각이 듦과 동시에 시드니를 작가한테 마음껏 구경시켜주고 싶었는
데, 계속해서 내리는 비에 내가 다 서운했다. 오페라하우스 뒤로 파
란 하늘이 쨍하게 펼쳐져야 하는데 말이야. 나였다면 '호주 날씨 왜
이래? 뭐야 이상해. 짜증나' 했을 법도 한데, 호주가 처음인 곽 작
가는 마냥 웃으면서 좋단다. 완전 영국 날씨처럼 운치 있다면서. 속
터지는 건 나뿐인가 보다. 호주 여름을 겪어본 이들이라면 찌는 듯
한 더위에 비치로 향하고 파란 하늘을 원 없이 보는 기쁨을 알기에
분명 실망했을 텐데 말이다. 하버브릿지를 앞에 두고 꺅꺅거리며
잇따라 셔터를 누르는 곽 작가. 그 사이로 조깅하는 사람들이 눈에
띄자 한마디 더한다.

W "이런 데에서 조깅하면 빅토리아 시크릿 몸매라도 만들 수
있겠어요."

B 말도 안 되는 소리를 한다.

집 앞에 안양천도 안 가는 애가 무슨.

W 하버브릿지와 오페라하우스를 앞에 두고 있으니 달려보고 싶은 기분에 한창 들떴다. 그렇다, 부익부 빈익빈이라고 이런 풍경을 앞에 둔 훈녀들은 평생 이 기분에 취해 달리며 훈녀가 되는 셈이지. 질투 섞인 말투로 이런 곳이면 나도 빅토리아 시크릿 모델처럼 될 수 있을 것 같다고 했더니, 그녀가 한심한 표정으로 그래라, 한다. 예. 일단 집 앞 안양천부터 달리겠습니다….

나는 너무 신나 죽겠는데, 시드니의 풍경이 심드렁한 그녀는 세상 감흥 없는 표정으로 이리저리 돌아다닌다. 현지인처럼 클러치에 조리 하나 끌고 나와서. 눈이 핑핑 돌아가는 풍경과 현지인처럼 사람 걸음걸이만 쳐다보는 그녀를 따라 평소보다 조금 빠른 걸음으로 항구 주변을 따라 걷고 또 걸었다. 걷기 어플에 찍힌 숫자가 팔 천을 넘어갈 즈음, 언니가 주변을 둘러보다가 말했다.

B "배를 또 채워야 돌아다니지."

<u>B</u> 사진 찍기 삼매경이 된 곽 작가를 데리고 어딘가로 향했다. 지금이야 가로수 길에 가도 팬 케이크집이 넘쳐나지만 그렇지 않던 시절, 신선한 충격이었던 팬 케이크 맛집인 Pancakes on the Rocks! 오랜 인연이 오랜만에 돌아와도 그 자리에 있어주는 건 항상 기분 좋은 일이고, 그건 장소도 마찬가지다. 예전처럼 오래 줄 서서 먹어야 하는 맛집의 위상은 과거의 영광이 되었어도 여전히 시드니 로컬들의 마음을 사로잡아 건재했다. 예전에는 올 때마다 항상 들러서 먹던 집이고, 그 맛에 반해 한국에 가서도 팬 케이크가 메뉴에 있으면 그냥 지나치지 못하고 시켰었다. 물론 그 맛을 느끼지 못 해서 이곳에 대한 향수만 자극했지만 말이다. 3년 전인가? 왔을 때는 팬 케이크 자체가 널리 퍼져 흔해진 상태였고, 지인들도 예전 맛이 아니라고 해서 못 들렀던 곳인데 곽 작가가 내가 가던 맛집을 가고 싶다고 하길래 데려왔다.

내가 처음 오페라하우스를 보고 황홀한 기분으로 와서 더 황홀한 기분으로 나갈 수 있게 해줬던 이 달달한 집을, 같은 상황을 맞아 눈이 핑핑 돌아가는 곽 작가와 함께 오다니. 이래저래 재미있는 순간들의 연속이다.

카운터가 있는 위층은 늘 사람들로 가득차 열기가 느껴질 정도였다면, 아래층은 조금은 조용하면서도 구석진 자리가 많아 나는 아래층에 매번 자리를 잡고 팬 케이크를 먹곤 했다. 어김없이 곽 작가를 데리고 아래층으로 내려가 한산한 테이블 한 곳에 자리를 차지하고 앉았다. 메뉴판을 든 순간부터 오래된 추억들이 떠올랐다. 처음 날 데려왔던 사람, 생생하게 기억나는 분위기, 나눴던 대화까지도….

샐러드 하나와 팬 케이크를 시켰다. 시럽, 크림, 버터…. 이것저것 나온 것들을 보며 이걸 얹어 말아 망설이는 곽 작가의 표정이 보였다.

B "걱정 마 곽 작가, 돌아다니면서 구경할 풍경이 구만 리야!"

B 곽 작가 대신 내가 칼을 뽑아 들었다. 진짜 나이프를 뽑아 들고 크림을 척척 발랐다. 그리고 먼저 한 입 먹었다. 맛있다. 혀끝에 느껴지는 달달함! 곽 작가도 부드럽고 너무 맛있다면서 쓱쓱 잘 썰어 먹는다. 다이어트도 무장 해제시키는 궁극의 팬 케이크!

보기만 해도 즐거운 음식들을 쫙 펼쳐놓고 몇 가지 질문을 하던 작가와 나는 자연스럽게 이 얘기 저 얘기 늘어놓았다. 오늘따라 어딘가 생각이 많아 보이는 곽 작가! 질문도 점점 많아졌다. 나의 추억의 장소에서 철 지난 얘기를 한동안 하면서 맛나게 먹고 나니, 곽 작가와 티 안 나게 가까워진 기분이 들었다.

_W_ 팬 케이크를 한 입씩 입에 넣고 오물오물 먹으며 마음이 녹을 대로 녹은 그녀는 시드니에 대한 추억을 이야기했다. 치열하고 바 쁘게 살던 시절, 일로 왔어도 휴식이 되었던 소중한 여행 이야기들.

그런 이야기를 하면서 팬 케이크를 먹는데, 옆 테이블에 있던 한국인 관광객들이 그녀를 알아보고 수군대는 게 느껴졌다. 그들이 자리를 뜨고 나서 문득 물었다.

_W_ "언니, 연예인으로 사는 거 행복해요?"

_B_ "그럼 행복하지. 난 다음 생애 또 태어나는 일이 진짜 가능 하다면 그때도 연기자로 태어나고 싶은데…."

_W_ "다들 자기 일이 제일 힘든 법이잖아요. 연예인은 정신적으 로 힘들어하는 사람들도 많고."

_B_ "많지. 하지만 내가 선택한 일이고, 힘들어도 좋은 면을 보 고 생각을 달리하면 견딜만하지. 어떻게 시시콜콜 다 맘에 드는 일이 있나? 그냥 나는 사람들에게 사랑 받고 많은 사 람들 앞에서 무언가를 한다는 게 난 그게 좋아. 적성에만 맞

으면 이만한 일이 없다고도 생각하고. 똑같이 해도 사람들이 연예인들한테는 잘해주잖아. 기본적인 것만 지켜도 친절하다고 하고, 착하다고 하고. 고마운 직업이지."

W "그래도 언니 20년 넘게 일하면서 그래도 뭔가 힘든 게 있지 않아요?"

B "힘든 거? 이제 와서 힘들다기보다는 아직도 타협점을 찾지 못하고 그냥 노코멘트로 남겨놓은 덩어리가 있어. 아마도 타협점이라는 것은 없지 않을까? 하는 생각도 들고. 아무튼 한때는 이 부분으로 꽤나 많이 슬퍼하고 상처받고 스트레스로 와 닿았던 적이 있었는데….

그동안 내가 알고 지내 온 사람이 하루아침에 딴 사람처럼 느껴지는 경험을 해 본 적이 있어? 남자가 끼면 의리를 저버리는 일이 생기고 만 경험이라든가? 대소를 따져 소를 과감히 버리고 대를 선택하는 상황? 어느 날은 간 쓸개 다 빼줄 듯하다가 그 자리를 뜨면 간, 쓸개는 실종되고 마는 사람을 만나 본 경험? 그 험난함 속에서 마음을 텄던 몇 안 되는 이들 중에 자고 일어났더니 더 이상은 볼 수 없게 되는 믿기 힘든 상황들?"

🌱 이 본

B 스무 살 때쯤 했던
잡지 인터뷰를 꺼내 읽어 본 적이 있다.
질문이 '같은 연예계 생활을 하면서 서로 의지하고
유독 친하게 지내는 누군가가 있냐'는 것이었다.
그때 나는 '누구누구요'라고 명확하고 시원하게 답을 했다.
그렇게 답을 하는 나는 빠르고도 명쾌했었다.

시간이 흐른 지금도 같은 질문을 받는다.
그때의 나의 대답은 조금은 소심한 듯,
혹은 조금은 욕심이 없는 듯
'저는 저희 직업군에 적도 없고
동지도 없는 거 같아요'로 변해 버렸다.

그 얘기는 분명 사소하든 그렇지 않든,
무언가를 느꼈다는 뜻이고 그러다 보니
스무 살 때처럼 거침없이 답을 못 했던 것이겠지.
나이가 어렸을 때 '설마 그럴 리가'라고

생각했던 사람에게서 배신도 당하고,
양과 늑대의 탈을 자유자재로 바꿔가며 사는 사람이
내 옆에 있다는 것을 꽤 오래 인정 못했고.
내 주위에서 꾸역꾸역 살아남아
드디어 뒤통수 심하게 날리고 사라지는 이들로
울기도 많이 울고 쓰러졌다 일어나기도 수십 번 했었다.
그러면서 사람 관계의 중요성이 희미해지기 시작했고
어느 순간 좋은 사람과 싫은 사람을 분리하기 시작했다.

난, 독한 사람, 사나운 사람,
매사 부정적인 사람은 별로다.
시간이 지나 본색이 드러나는 사람,
양의 탈을 쓴 늑대 같은 인간,
과거 얘기에 푹 빠져 사는 더 이상의
진전이 없는 삶을 보내는 게으른 사람,
지나치게 말이 많은 꼰대 같은,
근데 자기가 꼰대인지도 모르는

그럼 사람은 사양하고 싶고,

유별나게 갑질 하는 사람들도 싫다.

서로 다른 환경에 다른 가치관을 갖고 지내던 사람들과

인간관계라는 탑을 쌓는다는 건

쉽지 않은 일이라 생각한다.

지금도 사람들을 만나며 끊임없이 공부를 하는걸 보면

쉽지 않다, 쉽지 않아.

언젠가 내가 대장이라 부르는 한 분이

나에게 이런 말을 했다.

◦ "좀 피곤하더라도 사람을 잘 만나야 한다.

특히나 남자도 아니고 여자이기에 더더욱 그래야 한다,

보는 눈이 없을 때는 기대라고."

그 얘긴 혼자서 판단하지 말고

모를 때는 도움을 청하라는 뜻이었다.

○ "또 그런 과정 후, 인연이 시작되면
말을 많이 하기보다는 많이 들어주렴."
이라는 말과 함께.

오랫동안 활동하면서 상처도 많이 받았지만,
아이러니하게도 지금의 나를 지탱해준 건
또 온통 사람이다.
어디부터 감사해야 할지 모를 만큼,
누군가 완벽하게 준비한 것처럼
내가 무언가를 필요로 할 때
귀신같이 아무것도 따지지 않고
나를 어떤 식으로든 구해준 사람들이
지금의 나를 만들었다.
어느날 내가 영양제를 먹고 있으면
눈썰미 좋게 봐 놨다가 짠하고 내밀기도 하고,
아픈 엄마와 일면식도 없으면서도
좋은 게 생기면 들이밀고,

이야기를 하고 싶을 땐 들어주고,
말하고 싶지 않을 때는 묻지 않아주고.
우리 부모님 만큼이나 나를 금이야 옥이야 챙겨줘서
차마 내가 '이거 필요해' '요즘 이런 게 좋아'
소리도 못 하게 만드는,
앞뒤 없이 내 걱정만 해주는 내 사람들.
사람들에게서 많이 상처받던 시절도 있었지만,
그 시간들이 이들을 내게 남기기 위해서였다면,
나는 그 시간 역시도 감사해야겠다고
다짐할 만큼 너무 고맙고 또 고마운 인연들이다.
이들이 내 하루하루를 채우고 있다.

살면서 겪은 작다면 작고 크다면 큰 굴곡을 이겨내고도
여전히 나에게 사람 앞에서 계산하지 않고,
진심을 다할 줄 아는 사람이 되도록
'사람에 대한 애정'을 끊임없이 가르쳐준 사람들.
그래서 나는 아직도 사람이 어렵고, 사람에 약하다.

언제나 작가에게 명쾌하고 깔끔하게 모든 걸
이야기해주는 멋진 언니이고 싶지만,
사람에 대한 질문에서만큼은 참 어렵다.

W "그런 사람들이…. 글쎄요. 그렇게 있나?"

'그런 일이 나에게도 있었나?'
라는 생각을 하는 건지
얼마 지나지 않아 곽 작가! 몇 마디 한다.
들어보니 수위가 앙증맞다.
그 정도쯤이야 얼마든 이해 가능한 수준이었다.
한편으로는 사람에게 상처를 입은 경험이
별로 없는 듯 느껴져 다행이다 싶은 생각이 들면서
갑자기 내 눈에 눈물이 확 고이기 시작했다.

B "맘 터놓고 지냈던 그들이 보고 싶다."

뜬금없는 내 말에 곽 작가,
말문이 막혔는지 쳐다만 본다.

B "분명 환한 얼굴로 웃으면서 헤어졌는데
그 후로 더 이상은 볼 수 없다는 게 참 슬프다."

언젠가 작업하면서

W "언니 토토가 때 무슨 생각에 그렇게 눈물이 났어요?"

물은 적이 있었지?
그때는 그냥 웃고 답을 하지 못했었는데.
하염없이 눈물이 났던 이유 중 하나가 뭔 줄 아니?

그 순간에 너무 많은 얼굴들이 스쳐지나갔다.
잘 버티고 견디다 보니 한때를 같이 보냈던 이들과
만나게 되는구나 싶어서 감사했고.

아, 그때 그 친구도 있었으면 얼마나 좋았을까?
이제는 볼 수 없는 사람들이 보고 싶어 간절했고….

곽 작가 눈을 동그랗게 뜨고 아무 말없이
나를 쳐다보기만 할 뿐이었다.
더 이상 질문을 하다 보면 이 언니가 또 울 거라는 걸
곽 작가는 짐작이라도 했던 걸까?

🐝 곽 작 가

W 참 단단해 보이는 이 여자는 사람들 이야기가 나오면
갑자기 눈물을 쏟곤 해서 나를 당황시킨다.
언젠가 누군가 무심코 한 말에 상처받았던 이야기를 하면서
카페에서 갑자기 눈물을 흘려서 놀란 적이 있다.
배우니까 감성적인 건 당연하지만
이렇게 마음이 약해서
어떻게 정글 같은 연예계에서 버텼을지 궁금했고,
그래서 했던 질문이었다.

답은 의외로 심플했다.
자기 일을 좋아하고, 자기 일에서 받는 특혜에 충분히 감사하고,
화려한 무대 뒤의 자기 사람들의 소중함을 알고….
결국 중요한 건 어떤 직업을 갖느냐가 아닌
어떻게 중심을 잡느냐의 문제였던 셈이다.
처음 그녀를 파헤치리라 생각했을 때 내가 원한 건
그녀가 가지고 있는 자기관리 노하우가 전부였다.
그리고 조금씩 알아가면서 TV에서 보여 준

카리스마 있는 이미지 뒤에는 많은 경험으로 쌓인
진짜 단단함이 뒷받침되어 있는 거라는 걸 눈치챘고,
이 이야기를 나눈 뒤부터는 다른 생각이 들었다.
서른을 넘기는 이 시점에 이런 사람을 관찰하는 일이
얼마나 큰 행운인지를.

나는 그녀와 비교하면 그저 보통 여자다.
크게 성공하지 않았지만 크게 망하지도 않았다.
열심히 일하는 와중에 많은 입장과 많은 직업을 마주한다.
내 직업에 대한 자부심을 가진 건 사실이지만
내가 제일 힘들다는 생각도 한다.
일도 잘하고 싶고, 사람과의 관계도 잘하고 싶지만
어느 것 하나 쉽지 않다.
일하기도 힘들어 죽겠는데
자기관리도 해야 한다는 게 어쩐지 서럽다.
그놈의 시선을 신경 쓰는 일이 세상에서 제일 피곤하고 슬프다.
그러던 중 만난 이 여자는

세상에서 가장 남에게 보이는 게 중요한 직업을 가지고 있다.
그러면서도 모든 걸 하는 이유를,
그것도 남이 아닌 자기 안에서 찾는 방법을
얄미울 정도로 철저히 잘 알고 있다.
살면서 무의미한 시선을 시야에서 치워버리는 방법,
쓸모없는 말들이 자신을 아프게 하는 걸
차단하는 방법을 잘 알고 있다.

대신에 모든 건 다 나를 중심으로 판단하고 행동한다.
내년에도 재미있게 살려면 좀 더 건강해지자.
좋은 사람들과 맛있는 식사를 하려면
평소에 먹는 식단을 가볍게 해두자.
일에서 지칠 때 곁에 있어줄 사람들에게는
일하듯 계산해선 안 되겠다.
준 것을 계산해봤자 내가 피곤하니 그만두자.
이런 모든 생각들이 다 '나'를 중심으로 이루어진다.
쉽게 말하면 자기 삶의 주인이 되는 법,

자신을 사랑하는 법,
진부하게 들리는 이 중요한 방법을
오래전부터 직접 부딪쳐 터득한 것이다.

_W_ "언니, 이제 갈까요?"

_B_ "다 먹었어?"
_W_ "네. 진짜 맛있게 잘 먹었어요."

'작가야, 좋은 사람들하고 좋은 데서
맛있게 먹었다면 칼로리 생각하지 마.'라는 말을
나는 고칼로리 팬 케이크 집에서 정확하게 이해했다.
좋은 사람과 좋은 말들을 나누면서 맛있게 먹었다.
이런 자리에서의 사치를 위해서라면
평소에 얼마든지 달리고 움직일 수 있지, 암.
배 속은 그득하지만
가벼워진 마음으로 일어났다.

20년 만의 폭식, 넌 괜찮니?

○
Phillips Foote

_B_   그간 비 와서 못 돌아다닌 걸 보상이라도 하겠다는 듯 기를 쓰고 돈 날, 곽 작가가 까맣게 내린 하늘을 쳐다보더니 문득 말했다.

_W_   "우리 스테이크 먹어요."

_B_   갑자기 웬 스테이크? 하면서 반사적으로 눈이 시계를 향했다. 9시가 갓 넘었는데? 스테이크?

한국에 있을 때 다른 사람은 몰라도 날 만날 때만큼은 내 패턴에 맞춰서 따박따박 6시 이전에 함께 저녁 먹어주던 애가?

_W_   "호주 왔으니까 스테이크 먹어야 해요! 저 알아놓은 집 있어요. 이 근처인데 40년 된 집이래요."

_B_   그동안 '언니, 저 뭐 먹고 싶어요.'라는 말 한마디 없었던 곽 작가가 이렇게 말하는 거면 무조건 가기로 마음속에서 정한 집일 게 분명하다. 내일 모레가 지나면 원래 자리로 돌아가야 하고, 내일은 함께 저녁식사하기로 약속한 일행이 있으니 사실상 마지막 저녁이라고 생각하고 내놓은 카드 같았다. 거절할 수 없게 만든다, 너란 애! 오늘 정도면 만보는 걸었을 텐데. 이대로 들어가 샤워를 하고

잠을 청하면 배 속도 여유 있고 컨디션도 좋겠지만 내 맘대로 움직이고 싶지 않았다. 흔쾌히 따라 나섰다.

그런데 차에서 내리자마자 낯익은 곳이 눈에 들어왔다. 와 본 곳 같은데? 생각하기도 잠시 들어서자 선명하게 기억났다. 예전에 왔던 곳이다. 처음 광고 촬영을 와서 스테이크 파티를 거하게 했던 그 곳! 입구를 지나 계단을 올라와서 어디에 앉을지 두리번거리는 곽 작가. 그때도 그랬다. 테이블 중에서 어디를 앉을까 하며 계단을 오르내리던 바로 그곳이었다. 얘가 여기를 어떻게 알았지?

W "유명하다니까요. 20년 전에도 와 봤으면 어떤 덴지 아시겠네~ 여기 고기 질이 되게 좋대요. 대신에 직접 구워 먹는 거라서 가격은 많이 안 비싸고. 와 보고 싶었거든요!"

B "구워 먹으라고? 내가 직접?"

B 떠올랐다. 블랙페퍼 팍팍 친 스테이크를 앉아서 공주처럼 먹었던 기억.

W 직접 구워 먹는 게 포인트인 집이지만 광고 촬영 뒤풀이였다면 당연히 그랬으리라. 주인공인 여배우가 직접 그릴까지 와서 고기 구워 먹게 놔뒀을 리가. '어쩐지, 지가 고기 쏜다 소릴 하더라….' 하

는 표정의 그녀와 그릴 앞으로 갔다. 아, 내가 지금 여배우한테 자기 고기 구워오라고 집게를 쥐어줬어….

B   "별 걸 다 한다 너랑 호주 와서."

W   "그래도 얼마나 좋아요, 추억이 방울방울."

B   "방울 같은 소리하고 있네. 그때는 내가 안 구워 먹었다니까 그러네."

W   "이번에 해 보니까 얼마나 좋아요."

B   "퍽이나 좋겠다."

W   웰던을 좋아하는 그녀가 고기를 완성하는 사이, 그 틈을 타 생맥주 한 잔을 사가지고 테이블로 가져왔다.

B   "엄청 부드럽고 맛있다."

W   "아 다행이다. 안 와본 데라서 걱정했어요."

B   "그때도 이 맛이었던 것 같아."

W   여기서 함께 고기 한 판을 했던 당시 호주 현지 광고 스태프들이, 20년이 지난 지금도 연락하고 지내는 인연 중 하나라고 했다.

꼭 가고 싶어서 정해서 기어이 온 맛집이 여기 한 곳 정도였는데, 그녀에게 의미 있는 장소라니 괜히 흐뭇했다. 원래 고기든 뭐든 많은 양을 먹지 않는 그녀가 조금만 먹겠다던 말이 무색하게 한 덩이를 거의 다 해치웠다. 앗싸 성공!

샐러드 바가 무료인데, 그거까지 들어갈 배는 없다는 그녀. 하지만 우리 상식에 샐러드 바가 무료라면 무조건 가야 하는 거 아니냐구요. 나라도 먹겠다면서 한 접시 퍼 와서 신나게 먹고 있었다.

B "작가야, 너 너무 먹는다. 걱정 안 되냐? 6시 넘은 지 한참 되었는데 이 시간에 배를 풀로 다 채우고 들어가면 잠 못 잘 텐데…. 참 걱정스럽다 너무 먹는다."

W 아, 딴 세상 사람 같은 소리. 보통 저녁식사란 하고 나서 별거 없이 집에 가서 자는 거 아닙니까…? 세 끼 중에서 제일 거하게 먹는 것도 저녁식사고요. 6시 이후에 안 먹는 이유가 여기 있는 거였구나. 어차피 집에 가서 별거 안 하고 잘 건데 왜 먹는지 모르니까. 무턱대고 맛있는 거 먹으러 다닐 때는 몰랐는데, 무턱대고 맛있는 거 먹으러 다닌 게 아니었다. 움직일 계획이 있으니 먹은 거고, 그럴 일이 없으면 적정량 이상 안 먹는 게 당연하고. 단순하지만 평생

그런 식으로는 생각 안 해본 게 함정.

사실 그녀를 만나고 나서 많은 걸 시도하면서 많은 긍정적인 변화를 겪었는데, 6시 이후에 안 먹기만큼은 따라 하질 않았다. 일단 나는 새벽에 자는 올빼미고, 저녁식사 시간이 항상 늦으니까. 다만 먹고 나서 소비할 칼로리가 있는지를 두고 생각해서 양 조절을 해야겠다는 생각은 안 해봤는데! 무심코 다이어트 지침 하나 툭 던지고 또 나 먹는 거 구경하는 그녀.

그녀가 20년 전에 왔던 스테이크집에 와서 20년간 지킨 먹방 철학 하나를 주워 먹고는 부른 배를 두드리며 가게를 나왔다. 자려고 침대에 누웠는데 그녀에게 '작가야, 너무 먹었나? 배불러서 잠이 안 온다.'고 메시지가 왔다. '저는 더 못 먹은 게 아른거려요…'라고 답장을 보냈다. 그리고는 양심에 찔려서 이불을 박차고 일어나서 느닷없이 스트레칭을 했다. 뭐라도 해야지, 뭐라도 움직여야 내 위장 속에 들어간 것들이 민망하지 않지, 암.

낙천적인 그대,
뚫린 하늘도 막을 수 있다?

270

W "저녁에 뭐 할까요?"
B "우리 오늘 갈 데 있어."

W 너도 내 동생, 네 동생의 동생도 내 동생. 그 수많은 동생들에게 '한국에서 동생 하나 와.' 하는 말에, 앞뒤 보지 않고 저녁상을 차린다는 동생들. 카페에서 막 만나 인사했던 동생(친동생)과 동생(친동생의 아내)과 석이 오빠(친동생의 친한 동생), 쓰리 동생에 석이 오빠 동생의 아내분까지, 거대한 동생 모임이 되었다.

그림 같은 호주 집에서 아파트 CF 마냥 동생(친동생)과 동생(친동생의 동생) 아이들이 이리저리 뛰어다니는 사이, 한국식 상이 금방 차려졌다. 외국에서 귀한 반찬에 삼계탕에, 집에 있던 와인까지 아낌없이 내놓으며 웬만한 시골에서도 보기 힘든 인심 가득한 저녁.

◦ "비가 이렇게 많이 와서 어떡해요?"

W 삼계탕을 준비한 언니가 걱정스럽게 물었다. 나는 시드니가 처음이라 이런 날씨도 마냥 좋았는데, 가는 곳마다 비 오는 시드니에 도착한 나를 걱정했다.

_W_ "저는 괜찮은데, 천장이…."

∘ "그러니까요! 하필 손님 온 날…"

_W_ 집 천장에서 비가 샜다. 마치 내가 공항에서 시드니 시내로 들어올 때 그랬듯이, 처음에 한두 방울 새던 비는 급기야 무섭게 떨어져서 버켓이 둘로 늘었다. 분명 내가 비를 부르는 뭔가가 있는 게 분명해….

∘ "신경쓰지 말고 많이 먹어요."

_W_ "괜찮아요! 근데 저거 수리해야 하지 않아요?"

∘ "설마 무너지기야 하겠어요. 손은 좀 봐야겠지만."

_W_ 그리고 그 순간, 설마가 천장 잡았다. 와르르 무너졌다.

_W_ "으아아아아!"

_B_ "아 대박. 우리 작가 시드니 와서 별거 다 본다!"

_W_ 그런데 이 사람들, 반응이 이상하다. 천장 무너지고 나니 잘 됐지 그럼, 자는 사이에 안 떨어지고 밥 먹을 때 떨어져서 금방 치울

수 있는 게 얼마나 다행이냐며, 그 와중에 깔깔대고 그렇게 웃는다. 이 보세요 여러분. 지금 본인 집 천장이 무너진 거예요. 웃을 일이 아닌데…? 이 사람들은 진짜 낙천의 끝이다. 떨어진 천장 잔해들을 치우고, 큰 양동이 하나를 받쳐놓고, 그리고 나서는 5분 만에 다른 이야기로 넘어가버렸다.

🐝 이 본

B 동생 카페에서 일을 하고 있는데,
베지마이트를 조금만 달라는 영어가 귀에 들렸다!
베지마이트라고?
그 더럽게 맛없었던 베지마이트?
그래, 옜다 많이 먹어라~ 하고 퍼줬다.
문제의 베지마이트. 사건의 발단은 이랬다.
남동생이 소포로 식료품들을 보내왔다.
'동생이 뭘 또 보냈나~'
베지마이트에 대한 데이터가 없었던 나는
잼 바르듯 식빵에 듬뿍 발라
한입 베어 물고 기겁했다.

B "뭐 이런 게 다 있어!"

그 자리에서 분노와 경악을 금치 못했다.
일하는 중 베지마이트를 많이 올려달라고 해서
이해가 안 갔다고 했더니,

동생들은 베지마이트 맛있는데,

때가 되면 생각나는데 하며

그게 어디가 어때서 그러느냐고 했다.

미지의 잼을 앞에 두고 그제야 검색에 들어간 나.

정보를 읽다 보니 몸에 진짜 좋은가 보네?

무슨 호주 박사님이 만들었단다.

건강식이라고?

믿고 싶지 않았다.

옆에서 함께 검색하던 곽 작가가 읊었다.

_W_ "베지마이트의 원료는

채소에서 추출한 즙과 소금, 이스트 추출물이다.

티아민, 리보플래빈, 나이아신, 엽산,

그리고 특히 비타민 B가 풍부하게 함유돼

호주의 대표적인 건강식품이다.

이거 진짜 몸에 좋은 건가 본데요?"

_B_ "그래? 조금만 빵에 발라줘 봐."

276

맛있는 것 같기도 하고.

B "빵 하나만 더 줘봐."
◦ "언니 뭐야 그렇게 싫다더니?"
B "몸에 좋다니까 맛이 다르게 느껴져.
나름 매력이 있네. 나쁘지 않네."

건강에 좋다는 말에 금방 입장 바꿔버렸다.
몸에 좋은 게 곧 맛이지.

_W_ 천장이 내려앉도록 즐거웠던 식사 자리는,
삼계탕에 커피에 와인,
정체불명의 호주 잼 베지마이트까지.
앞뒤 없는 시리즈로 신나게 먹고 나서야
비로소 마무리됐다.
나름의 교훈도 남겼다.
자기 사람에게는 진심을 다하고,
건강한 베지마이트 잘 챙겨 먹자,
그리고 천장이 무너져도 낙천적인 사람들과 함께하면
분위기 솟아날 구멍이 있더라.

🐝 곽 작 가

W 나중에 알게 된 사실이지만,

동생을 시드니에 정착시킨 것도 언니였단다.

직접 와서 사는 집도 보고,

여건이 어떤지도 발품 팔아 알아보고.

그렇게 남동생을 통해 또다시 찾게 된 시드니에서,

오래된 인연과 함께 지내는 일상이

여배우의 일탈인 이유가 거기에 있었다.

한국에서 협찬 의상을 스타일리스트에게서 받으면

그중 하나를 골라 무대에 서던 이 여자는,

호주에 와서는 동생들 신발을 선물하겠다고

사이즈도 다른 신발에 자기 발을

여기저기 욱여넣느라 바쁜 나날들을 보내고 있었다.

— 그냥 하는 소리가 아니고 진짜로.

내가 신발을 신나게 지르는 동안 구석에서

그 가게의 거의 모든 신발을 직접 신어보면서

자기 발 사이즈보다 작아야 하는데

얼마나 더 작아야 하는지 모르겠다고 멘붕에 빠져 있었다.

스케줄을 정리하고, 약속을 잡고,

동생 카페에서 접시를 나르고,

다들 생소해할 나를 지인들에게 데리고 가서 신나게 소개하고.

한국에서의 이본과 다른 사람이 내 옆에서 민낯으로 앉아

"알았어, 해줄게, 있어봐"를 연발하고 있었다.

엄마 같고, 매니저 같고, 아르바이트생 같은.

모든 게 한국의 이본 정반대인 모습을 하고.

내가 처음 그녀를 만났을 때의 느낌은,

불필요한 말도 하지 않지만

불필요한 행동도 안 하는구나.

사람 관계에서의 에너지도 최대한 아끼는,

그냥 카리스마 있고 원칙 철저한 언니 같았다.

찔러도 피 한 방울 안 나올 것 같은.

술도 안 먹고 가끔 운동이나 하면서

정말 마네킹처럼 사는구나 싶었다.

조금 더 가까이서 보니

<u>B</u> "야, 언니 곧 도착하니까 커피 시키지 마."

하고 차가운 도시 여자 특유의 따뜻한 면을 가끔 보여줬었다.
그러고 나서 호주까지 와서 지인 모임들 귀찮게 주선하며
이리저리 오지랖 넓게 수다 떠는 모습을 보고 있으니
이 여자의 인간관계론이 조금씩 눈에 들어오기 시작했다.

그녀는 사실 차가운 것도 아니고,
속없이 퍼주는 사람도 아니다.
다만 일상생활에서 하고 있는 '자르는 스킬'을,
관계에서도 철저히 지키고 있을 뿐이다.
그녀는 거절하지 못하는 사람을 답답해한다.
해주기 싫으면 안 해주면 되지,
그걸 왜 쩔쩔매면서 그러고 있어?
해주고 싶을 때 진심으로 해주면 되지 않느냐고.
그러면서 자기 사람의 일이 생기면 원더우먼처럼 나서서
아까운 줄 모르고 뭐 저렇게까지 할 일인가 싶게

시간과 에너지를 할애한다.
어머니를 위해 미련 없이 연예계 생활을 정리할 때도 그랬고,
동생이 호주에 온다고 했을 때
기꺼이 함께 발품을 팔 때도 그랬으리라.
모두에게 좋은 사람이 되느라 미친 듯이 기를 빨리는 대신,
살면서 나름 체득한 '사람 보는 눈'을 믿고
관계에서도 자르는 스킬을 발휘하는 것이다.
일 관계에서 만나 어느 수준 이상을 가까워지는 게
서로에게 폐가 된다면 그 선 안에서만 움직이고,
자기 사람에게는 아끼지 않고 주되
도움 되는 독설이라면 거기서도 물러서지 않는.

B   "곽 작가야 성격이 온순하고 평이한 것도 좋은데,
사람 보는 눈도 날카로울 때는 날을 좀 세우기도 해야 돼.
특히 이 일을 하면 화려해 보이고 멋져 보이는 사람들이
많으니까 주위에 꼬리에 꼬리를 물고
새로운 사람들 만나고 친해지고

그런 경우들이 상당히 많거든.

근데 그런 게 다 의미가 있느냐?

그렇지 않은 경우가 훨씬 많아.

자기 사람 남기는 게 진짜 중요하다고."

라고 하던 언니가,

부르기도 전에 쫓아다니면서

이 사람 저 사람 챙기느라 바쁘게 살고 있었다.

언니가 말하는 "부른다고 쪼르르 나가고 그러지 마라" 하던 건,

관계에 따라 자를 줄도 알라는 거였던 셈이다.

퍼줘도 아깝지 않을 사람에게만 퍼주고,

모두에게 사랑받고 싶다는 마음만으로

에너지를 빼앗기면 안 된다고,

그녀는 동행하는 모든 순간에 열심히도 보여줬다.

연예인으로 살아보면 매번 직면하는 대접해주고

잘해주기만 하는 관계에 취해있지 말고,

내가 돌봐도 아깝지 않은 관계를
빨리 알아보고 빨리 집중하라고.
그래서, 호주에서 만난 그녀의 오랜 인연들은
다 그렇게 이 언니를 연예인 취급 안 해주고(?)
자꾸 놀리고 부탁하고 부리면서도
나에게까지 아낌없이 퍼줬나 보다.

연예인 이본으로 봐주는 관계에서는
연예인 이본의 모습으로,
동네 언니로 봐주는 관계에서는
동네 언니의 모습으로.
일에서 친구처럼 다 해주려고 애쓰지 말고,
친구들에게 일하는 사람처럼 재지 말라고,
그녀가 보여준 건 그런 것들이었다.

WRITER

_W_ 작가, 그것도 방송작가로서 유명인과 글을 쓰는 건 어렵다. 심지어 무대 뒤가 가장 안심되는 사람이고, 매력 넘치는 사람들 사이에서 그들의 이야기를 전달하는 '보통'사람의 포지션을 업으로 삼은 사람이라 더더욱 그랬다. 아름답게 사는 삶을 테마로 한 책에서 내 존재가 편집으로 쳐내지지 않고 실린다는 건 엄청난 부담이었다. 언니가 '작가야, 그 얘기 재밌다. 그 얘기 그대로 책에 넣자.' 할 때마다, 그리고 결과적으로 내 이야기가 대놓고 일부를 차지하는 책으로 완성되어갈수록, 연극 무대에서 막을 여는 줄을 쥐고 대기하다가 누군가 뺑 차는 바람에 무대 중앙으로 내던져진 느낌을 몇 번인가 받았다. 나는 이런 사람이 아닌데.

그런데 언니가 몇 번이고 그런 얘기를 했다. 그저 그런 연예인 노하우 알려주는 책 같은 거 안 내고 싶다, 내가 한 이야기가 아닌 책이 나오는 것도 싫다. 나 혼자 잘난 척 떠드는 거 말고 보통 사람의 입장에서 '이본이 이런 거 하는데 여러분 이거 진짜 돼요!' 하는, 네가 눈 동그랗게 뜨고 나에게 한 이야기를 그대로 싣고 싶다고. 어찌 보면 나는 그래서 선택된 사람이었는지도 모른다. 이본이 부럽고, 신기하고, 이상하고, 재미있고. 그런 걸 느끼는 보통의 표본 같아서, 근데 그런 아이가 모르모트같이 몸이 달라지고 삶이 재미있어지는 경험을 이본과 한 게 남들이 봐도 만만할 것 같아서.

애초에 이 책에서 나의 역할은 처음부터 끝까지 모르모트였다.
운동고자인 애가 이걸 해보더니 이만큼을 빼더라, 그 게으른 애가
마드리드까지 가서 자전거 타는 애가 됐더라 해가며. 그 모든 걸 의
미 있게 해준 나의 본질은 '흔한 30대 여자'이기에, 그 본질이 어느
날 갑자기 달라지지는 않았다. 다이어트를 한 건 사실이지만 희대
의 핫바디가 되지는 않았으며, 운동과 식이에 대한 지식이 삶으로
깊이 스며들어왔어도 여전히 가끔은 폭식을 하고 맥주에 인생을 건
다. 13kg을 뺀 건 사실이지만 3~4kg 수준의 요요가 몇 번 찾아왔었
으며, 어느 날 정신을 차리고 나면 이본을 만나기 전의 나로 돌아가
있을지도 모르는 여느 30대 여자. 맛있는 것 많은 세상에 태어난 여
자에겐 다이어트의 본질 역시 항상 그런 식으로 사람을 미치게 만
드는 망할 것이기 때문이다.

그런데, 조금은 다를 거라는 생각이 든다. 다음에 내가 예전의
나로 돌아가게 된다면 그건 적어도 나의 선택이어서 나는 지금과
같이 행복할 거라고 믿는다. 10kg가 더 나가든 20kg가 더 나가든
나는 그 느낌이 더 편안해서, 건강하게 사는 가운데 내가 선택한 것
이니 여전히 나를 사랑하고 있을 거라고.

운동하는 삶, 건강하게 먹는 삶, 내면의 건강함을 다지는 삶. 그
모든 삶을 그렇게나 우리가 강조하고 싶었던 이유는 여자들이 어

떤 모양의 삶을 살든 그것이 본인의 선택에 따른 것이었으면 해서, 그리고 그 선택의 결과로 행복해할 수 있었으면 하는 공동의 믿음이 있었기 때문이다. 어디부터 시작해야 할지 몰라 운동을 하지 못하고, 바쁜 와중에 음식 조절까지 어떻게 해야 할지 몰라 불어난 몸인데 그 몸마저 내가 원한 게 아니어서 스트레스를 받는 것과 세상이 말하는 표준체중보다 더 나가더라도 그 몸 역시 아름답다는 걸 알고 사랑하는 건 같은 체중이라도 그 질과 의미가 다르다. 나는 전자의 상황에 있어봤고, 그 상황을 습관과 지식을 얻으면서 바꿔봤고, 현재는 나의 선택으로 얻은 습관과 지식을 활용하면서 삶이 조금 더 즐거워졌다. 우리의 책은 사실 전자에 해당하는 사람들을 위한 글이다. 그리고 여전히 나는 후자의 여성들이 멋지고, 내심 그런 사람이 되기를 꿈꾸기도 한다. 왜냐면 세상엔 맛있는 게 너무 많고 여전히 밤 11시 이후에는 운동화를 씹어먹어도 더 맛있기 때문이다! '이거 먹고 내일 한 시간 더 뛰지 뭐' 다짐하며 치킨 다리 하나 더 드는 마음은 여전히 성가시고 슬프니까.

그렇지 않은 세상에서, 그리고 그런 세상이 오더라도 내가 원하는 내 모습이 명확했던 내게 이 여정을 함께해주고 앞으로도 함께할 본이 언니에게 고맙다는 말을 진심으로 전하고 싶다. 삶의 군데군데에 긍정적으로 남아 나를 내가 원하던 나에 가까워지도록 도와

쥐서, 그리고 긴 레이스였던 이 작업을 항상 즐겁게 함께해줘서. 여담이지만 언니가 그냥 '작가야, 연예인 책으로 폼 나는 선에서 너 알아서 써라' 했으면 작업은 쉬웠을지 모르지만, 그러지 않아준 덕분에 '빡센 진짜'를 함께 만들어내서 행복했다고. 어릴 때 라디오를 통해 목소리를 듣고, 자기 목소리와 스타일을 드러내는 건 멋진 거라는 걸 가르쳐주고, 그 모습 그대로 있어준 한 여배우가 가까이서 보니 훨씬 멋지고 괜찮은 사람이라는 걸 알게 되는 게 어떤 느낌인지 그녀는 모를 것이다. 그리고 그런 언니 하나를 내 삶에 편입시킨 것이 내게는 얼마나 가슴 벅찬 일인지도.

쉽지 않았던 긴 세월을 달려온 그녀에게도, 지금 같은 앞으로를 꿈꾸는 나에게도, 이 이야기를 읽는 사람들도 어떤 식으로든 여기까지 오느라 수고했다는 말을 남기고 싶다. 앞으로도 이대로 행복하고 아름답게 살 수 있도록 힘껏 자신을 사랑하자고도. 우리는 우리가 사랑하고 사랑해나갈 모든 것이니까 말이다.

LEE BON

<u>B</u> 내가 정신 없이 방송을 할 때는 한 프로 당 작가들이 그리 많지 않았다. 7년을 쉬고 돌아오니 양떼처럼 몰려다니는 작가들 때문에 적잖이 당황했었다. 그날도 프로그램 미팅으로 나간 자리였는데 낯익은 작가가 앉아 있었다. 허스키 보이스를 넘어 늘 쉰 목소리를 내는 뚝심이 있는 작가였단 기억이 나면서 아직도 활동하는구나 싶은 반가움에 정신 없을 때쯤 후배 작가라며 한 여자를 소개해줬다. 그 친구가 바로 곽 작가였다.

곽 작가는 프로그램 한 번 살려보겠다고 작정을 하고 나온 사람처럼 정보를 끌어모으려고 질문들을 퍼붓기 시작했고 나는 질문에 여느 때와 마찬가지로 답을 하고 그날 인터뷰를 마쳤다. 그게 나와 작가의 첫 만남이었다. 그 후 작가에게는 많은 변화가 있었고, 작가는 그게 내 덕이라고 했다. 그러고 나서 얼마간의 시간이 흘렀을까? 지금껏 몸매를 유지해 온 방법들과 그동안의 관리들을 책으로 담아보지 않겠느냐는 제의를 받았다. 나로 인해 변화한 곽 작가의 이야기도 함께.

나는 솔직히 몇 년 후 나의 에세이를 써 볼 생각을 하고 있었기에 충분히 마음 가는 제안이었다. 근데 여자를 위한 내 몸 사용 설명서 같은 내용을 담자고? 그 후, 한 주 내내 생각했다.

나는 정보 듣는 것을 좋아하지 정보를 주는 것에는 익숙하지 않

다. 그러나 의미 있는 작업이 될 듯하여 해보겠다고 답을 전했고 이
작업을 위해 한 가지 부탁 하고 싶은 것이 있었다.

_B_ "내가 전하고자 하는 메시지는 내 말투 그대로 적을 테니,
내용이 뜬금없지 않은 한 그대로 살려주세요."

며칠 후 나에게 돌아온 대답,

_W_ "그렇게 하시죠."

믿어지지 않지만 그로부터 이년 반이란 시간이 흘렀다.
곽 작가 혼자서 나를 찾아온 첫날의 그 서먹함…. 근데 벌써 에
필로그에 와 있다.
일주일에 한 번은 꼭 만나 최소 5시간을 마주 앉아 서로를 알아
가며 쌓이는 것들이 많아졌고, 여행을 같이 하며 둘 사이의 거리가
확실히 가까워졌다. 생일이 언제인지 물어보고, 잊어버릴라 핸드폰
에 저장을 하고, 음식은 어떤 걸 찾고, 요즘 고민거리도 자연스레
털어놓고, 어느덧 내가 하는 강한 말투도 이제는 농담인지 알고 웃
어버리는, 곽 작가. 둘이 만나 작업을 해야 하는 전 날은 뭐 사다 줄

거 없을까? 먼 길, 막히는 길을 오면서도 단 한 번도 얼굴에 불평을 나타내지 않았던 곽 작가를 위해 돌아가는 길 혹시 졸릴까 싶어 캔 디와 젤리를 사게 되고, 장을 보다 독특한 맛의 주스를 보면 맛 좀 보라 챙겨주고 싶고. 이제는 헤어지면 잘 들어갔나? 궁금해지는 그 런 동생이 되어버렸다.

이 책의 마지막에는 낯설었던 한 여자에게 짤막하게 얘길 전하 며 슬슬 사라지고 싶다.

사실, 쉽지 않은 이 긴 작업을 내가 해낼 수 있을까? 걱정이 많 았다. 그때마다 아무 걱정 없다는 듯 치아 일곱 개를 드러내고 활 짝 웃으며 파이팅을 전하고 사라지는 모습에 한 겹 한 겹 걱정을 걷 어낼 수 있었다.

이년 반 동안 이름을 한번도 불러 본 적이 없네…. 민지야! 고맙 다 언니가. 이 작업이 끝났다 해도 나를 찾을 거라는 믿음이 있다. 언니는 곽 작가에게 평생 맥주를 사 줄 마음이 생겼으니. 그러니 기 분이 우울하다거나, 기쁜 일이 있을 때 잊지 말고 찾아와 주길.

작가야, 이 작업을 하는 동안 네가 옆에 있어 언니의 인생 한 부 분이 행복했다.

나는 10대, 누구나 그렇듯 기초 대사량이 많을 수밖에 없는 나이여서 운동이 재미있었고 20대에 꾸준히 해 왔던 관리로 30대를 별 탈 없이 아프지 않고 건강하게 보내고 나니 이제 내 몸을 알고 효율적으로 필요한 부분을 채워가는 운동을 할 수 있게 되었다. 그 매력에 빠져 시간을 만들어서라도 지구력을 발휘해, 진짜 하기 싫은 날 빼고는 꾸준히 관리 했고 어느새 몸매든 얼굴이든 동안이라는 말을 듣는 게 즐거운 일상이 되어버렸다.

결국 좋은 유전자와 습관 덕에 진심 다해 이 책의 한 장 한 장을 채우는 게 가능했습니다. 자신을 일순위로 올리고, 사랑할 수 있을 때 맘껏 사랑하며 아끼며, 우리 그렇게 흐르는 물처럼 살아요.

그게 제일 아름다운 인생이래요.

THANKS TO

머릿속에 떠오르는 사람들이 너무나 많습니다. 놓치고 넘어가는 분들도 분명 있을 겁니다. 넓은 마음으로 이해해주시길….

"이모 진짜? 그 책 내가 서점 가서 꼭 사서 보께"라고 했던 나의 첫 조카 지원이, 옆에서 "이모 나도" 하며 거들던 이쁜 지우, 자주 볼 수 없어서, 그래서 더 보고픈 남동생, 우리 이쁜 정아, 세 번째 조카 제이든, 공황장애를 잘 이겨내고 있는 참으로 여러 가지 하는 큰언니, 매뉴얼대로 움직이는 우리 형부, 호주 식구들 스티븐, 은아 언니, 앤드류, 진우오빠, 재숙언니와 상호오빠, 진솔과 세연, 재일오빠, 분위기를 살리는 재주가 있는 너털웃음의 최고봉 석이, 연상이라고는 하나 딱히 모르겠는 연주, 참 기특한 정림이, 어쩌나 그 손에 뭐를 챙겨오는지 꼭 밥을 사게 만드는 광민이, 사슴 같은 눈을 가진 미미언니와 형부, 좋은 추억의 여러 장을 채워주는 한 오빠, 챙 오빠, 기형오빠, 긍정의 끝을 보여주는 김경호 샘, 고마운 태사쪼, 뒤끝 없이 할 말 다하는 순수한 돌직구 준석씨, 늘 소나무 같은 현석오빠, 김용판오빠, 밥 먹었니? 챙겨주는 정수오빠, 예리한 이명우 감독님, 항상 잊지 않는다는 걸 느끼게 해주는, 남들은 무섭다고 하지만 한없이 개구쟁이 같은 장군의 아들 박상민오빠, 최고의 복근을 지닌 제니 샘, 닮아도 너무 닮으신 너무 고운 블로우블러쉬 원장님, 멋진 여자 재클린, 뉴욕의 지현이, 기특한 유미, 캐나다에서 잘 사는 우리 훈자, 늘 시원한 이쁜 성연이, 신이와 라휘, 일본에 계신 이상갑 샘, 언제 봐어도 에너지 넘치는 멋쟁이 이광걸 국장님, 주영훈 오빠, 호현씨, 친동생 같은 핸섬가이 영규, 불의를 보면 못 참는 배우 상훈오빠, 태수오라버니, 늘 깨알 이벤트를 해주시는 중신오라버니, 잔잔한 응원 잊지 않는 노래하는 조정현오빠, 인생은 외로운 거다 늘 말하는 정규오빠, 추운 겨울 어느 누구에게도 잡히지 않았던 물고기 한 마리의 등장으로, 한없이 울고 다시 살아보겠다고 다짐을 했다는 최고의 모델 영일오빠. 항상 힘내기예요! 엄마 건강을 늘 같이 신경 써주며 때가 되면 건강식을 보내주는 현철오빠, 분명 어느 곳에서든 잘 자던데 불면증이라 잠을 못 잔다고 해서 주위 사람들을 즐겁게 만드는, 나를 여러모로 아껴주는 정 많은 상훈오빠, 언제든 너털웃음이 매력인 동생이지만 먹을 것 앞에서는 날카로운 표정에 양보란 없는 호대성, 다이어트 성공 좀 하자! 술에 취해 얕은 수영장에 다이빙을 시도해 큰일 날 뻔했던 동우씨, 두 배만한 덩치도 팔씨름으로 때려눕히는 광석오빠, 얼굴 보면 웃음 나는 상용오빠, 눈동자의 흑백이 분명하고 뚜벅뚜벅 걷기를 좋아하는 방원이, 아빠의 시력을 다시 한 번 찾게 도와주신 최고 임용우 샘, 얼굴에 관련된 건 언제든 신중하게 관찰해주는 우리 홍진주 샘, 통증의학과 양내윤 샘, 피부 하면 김홍식 샘, 벌써 몇 년 째 이어지는 원정대 멤버들과 우민오빠, 재모, 미우회의 해피, 쭈니, 쩌니, 오지, 일 년에 한 번이지만 힐링의 끝을 보낼 수 있게 늘 따뜻하게 맞아주시는 포항의 이현덕 오라버니, 단국대문화예술대학원의 원우들, 유태균 교수님, 이대현 교수님, 김윤태 교수님, 이제헌 교수님, 조흥식 교수님, 이상섭 교수님, 심상신 교수님, 교학과 이어진 샘, 정이 느껴지는 손혜리 교수님, 편하게 작업할 수 있게 기다려준 브레인스토어 식구들…. 고맙습니다.
오랜 시간이 지나도 한결 같은 맘으로 나를 떠올려주는, I LOVE LEE BON 을 외쳐주는 나의 사랑스런 응원군들, 나에게는 병풍 같은 대장, "이제는 낼 때 됐지….”하며 한바탕 웃게 해준 웬만한 배우 뺨치는 세훈오빠…. 감사합니다. 서서히 내 나이가 들어간다는 건 부모님과 함께하는 시간도 그만큼 적어진다는 뜻이 아닐까? 아빠 엄마 더 효도할게….
건강하게, 오래, 알지? 딸의 맘을… 사랑합니다.

2016. 11. 이본

이본, 그 여자의 뷰티

초판 1쇄 펴낸 날 | 2016년 12월 9일

지은이 | 이본, 곽민지
펴낸이 | 홍정우
펴낸곳 | 브레인스토어

책임편집 | 남슬기
일러스트 | 문진아
디자인 | 김한기
마케팅 | 한대혁, 정다운

주소 | (121-894) 서울특별시 마포구 양화로7안길 31(서교동, 1층)
전화 | (02)3275-2915~7
팩스 | (02)3275-2918
이메일 | brainstore@chol.com
페이스북 | http://www.facebook.com/brainstorebooks

등록 | 2007년 11월 30일(제313-2007-000238호)

이 도서의 국립중앙도서관 출판예정도서목록(CIP)은 서지정보유통지원시스템 홈페이지 (http://seoji.nl.go.kr)와 국가자료공동목록시스템(http://www.nl.go.kr/kolisnet)에서 이용하실 수 있습니다.(CIP제어번호: CIP2016027181)